Felipe VI

MANUEL VENTERO VELASCO

Felipe VI

¿Qué significa reinar sin gobernar?

ALMUZARA

Primera edición: febrero de 2025

Editorial Almuzara • Pensamiento político
Editora: Ángeles López
Corrección: María José Pérez
Maquetación: Joaquín Treviño

www.editorialalmuzara.com
pedidos@almuzaralibros.com - info@almuzaralibros.com

Editorial Almuzara
Parque Logístico de Córdoba. Ctra. Palma del Río, km 4
C/8, Nave L2, nº 3. 14005 - Córdoba

Imprime: Romanyà Valls
ISBN: 978-84-10526-05-1
Depósito legal: CO-2159-2024
Hecho e impreso en España - *Made and printed in Spain*

A mis padres, Manuel y Teresa, españoles de la Transición
Y a mi nieto Mateo, cincuenta años después.

Lo que cuenta es lo que cada uno hace, lo que cada uno aporta y con lo que cada uno contribuye, por encima de cualquier otra consideración.

Felipe VI

Índice

Introducción del autor

Este libro contiene una implícita semblanza de Felipe VI, aunque en absoluto encierra un enfoque hagiográfico del rey o un posicionamiento adulador de la Corona, porque al autor le asiste el beneficio de la madurez y no se muestra especialmente entusiasta con forma de gobierno alguna, más allá de reconocer y celebrar —cuando ocurre— la gestión acertada de las amenazas que se ciernen sobre el Estado de derecho; así como la ejemplaridad que, indisolublemente ligada a la *auctoritas*, se ha de erigir en piedra angular de la monarquía (y los ciudadanos merecemos).

Pretendidamente, este ensayo hace pedagogía de la Constitución de 1978 —la primera de consenso en la historia de nuestro país— y de la monarquía *parlamentaria* que, en dicha carta, consagraron los entonces próceres de la patria con la correspondiente anuencia ciudadana.

Asimismo practica una incursión en la memoria reciente en aras de entender la génesis de nuestro actual estado de cosas, como también persigue advertir de los riesgos de la deriva en que nos encontramos, en el ánimo de frenar la evolución de lo que algunos intelectuales de nuestro tiempo han calificado como «democracia menguante».

Es, por encima de todo, un libro que interpreta el momento presente desde una posición desapasionada y crítica; un ensayo que reivindica para la Jefatura del Estado, tal y como esta se concibe en una monarquía parlamentaria, un ejercicio necesariamente ajeno a la lucha partidaria; una posición desde la cual «el rey reina, pero no gobierna», al tiempo que, también, «no gobierna, pero reina».

Prólogo

Pedro González-Trevijano Sánchez, ex presidente del
Tribunal Constitucional y académico de número de la Real
Academia de Jurisprudencia y Legislación Española

Manuel Ventero ha escrito un libro excelente, que anuda muchos y muy disímiles aspectos positivos, por su acreditada solvencia, impecable rigurosidad, radical compromiso y rabiosa actualidad. Una tarea que se explica dada su paralela formación como licenciado en Comunicación y su condición de doctor en Derecho. Ello le ha permitido abordar una materia tan compleja y escurridiza como es la regulación y el funcionamiento de la monarquía parlamentaria en nuestra carta magna de 1978. Lo que hace desde la vis más propia de un sagaz y experimentado periodista —ha ocupado, entre otras, las importantes responsabilidades de director de los Servicios Informativos de Radio Nacional de España (2000-2004), director general de Radio Nacional de España (2012-2013) y director de Comunicación y Relaciones Institucionales de la Corporación de Radiotelevisión Española (2013-2018)—, que disfruta paralelamente de una sólida y complementaria formación jurídica. El resultado de tal binomio cuasi mágico es presentar al lector una obra tan precisa como simultáneamente amena. Una investigación que ayudará, sin duda, a conocer mejor y a profundizar en el fundamento, la caracterización y el devenir de nuestra «forma política de gobierno» (art. 1.3 CE). A la que no falta, sino que es uno de sus más llamativos perfiles, una lúcida crítica sobre una desventurada época caracterizada por una insoportable demonización schmittiana del adversario político y una galopante degradación de la *res publica* y de las instituciones públicas. Cualquier ciudadano, medianamente informado, es consciente de que *mala tem pora currunt* en nuestra desasosegada España constitucional.

No es la primera vez que nuestro autor se adentra en las procelosas aguas de la monarquía. Parecieran las palabras del profeta Elías sobre la harina de la tinaja y el aceite de la vasija que nunca se agotan (1 Libro de los Reyes, 17, 16). Creo que podemos afirmar, sin temor a equivocarnos, que nos hallamos ante uno de los referenciales estudiosos de tan camaleónica institución en los últimos quince años. Una materia a la que se acercó, por primera vez, al hilo de su tesis doctoral, distinguida con la máxima calificación de sobresaliente cum laude por unanimidad (2010), publicada con el título *Los mensajes de Navidad del Rey* (2011); y, más tarde, aunque con un objeto más amplio, con su libro *Damas y reinas* (2022).

Manuel Ventero es un hijo, tan agradecido como comprometido, de la Transición política. Uno de los momentos estelares de la historia de España —si hacemos un juego de palabras con la inolvidable obra de Stefan Zweig—, que desmanteló, con inteligencia y generosidad, las rancias y caducas estructuras del franquismo, que cerraba las cainitas y fratricidas heridas de una guerra incivil y que auspició la elaboración de una constitución. De una Constitución de verdad y con mayúsculas que nos introdujo por la puerta grande en la modernidad constitucional. Se ponía así término a un desafortunado y convulso constitucionalismo de excluyente bandería, cuando no de espuria facción, gracias a la aprobación de una constitución de todos y para todos los españoles. Una constitución que daba respuesta a las enquistadas e irresolubles realidades político-constitucionales decimonónicas (forma de Estado, modelo territorial, la cuestión religiosa, la problemática de la educación y la disyuntiva monarquía-república). Un roussoniano acuerdo que se plasmó en un ejemplar consenso de las fuerzas políticas y del pueblo español. El consenso fue, como ha subrayado bien Virgilio Zapatero, el lenguaje definitorio de nuestro proyecto constituyente de entonces y de su síntesis jurídica, que no fue otra que la magna carta de 1978. La activa adhesión del autor a los principios y valores constitucionales de entonces, «libertad, igualdad, justicia y pluralismo político» (art. 1.1 CE), pero también de hoy, se materializó en su día en su inolvidable programa *El sonido de la Constitución. 25 años de historia,* emitido en Radio Nacional de España (2003-2004).

Un texto constitucional que no se puede comprender sin la presencia de la monarquía. Fundamentalmente, por dos razones. La primera, porque el pacto constituyente se enhebró, básicamente, sobre dos elementos: la monarquía y el estado de las autonomías. Y, segunda, porque fue don Juan Carlos, en tanto que —en palabras de Charles Powell— «motor del cambio», quién impulsó, tan decidida como apartidistamente, el tránsito de una larga dictadura a un feliz régimen constitucional. Con su promulgación se hacían reales las aspiraciones de tantos y tantos españoles, ya apuntadas en la Declaración francesa de los Derechos del Hombre y del Ciudadano de 1789: «Una Sociedad en la que no esté establecida la garantía de los Derechos, ni determinada la separación de los Poderes, carece de Constitución». (art. 16).

Una monarquía que ya no es, por supuesto, «absoluta» —en tanto que centro principal de imputación política—, pero tampoco «limitada», «dualista» o «constitucional» —donde el monarca seguía interviniendo directamente en su funcionamiento institucional—, sino «solamente» parlamentaria. Una forma de gobierno, y ya no de Estado, donde el rey reina, pero no gobierna. O, si prefieren, donde el monarca dispone de auctoritas, pero carece de potestas. Sus funciones arbitrales y moderadoras, al tiempo que símbolo de la unidad y permanencia del Estado (art. 56.1 CE), se satisfacen *au-dessus de la mêlée.* Es decir, al margen de la refriega política cotidiana. La única forma de gobierno compatible, por lo demás, con un moderno régimen constitucional. Una monarquía en la que, sin renunciar a su inicial legitimidad histórica (art. 57.1 CE), se erige sobre la legitimidad de un Estado de derecho. Esto es, la propia de las constituciones racional-normativas que se edifican sobre un Estado constitucional y democrático, y en la que, en clásica expresión de Walter Bagehot, para el caso británico, se ajusta, «a la escrupulosa tarea de animar, advertir y aconsejar».

Nuestra monarquía está ligada al reinado de dos monarcas. En primer lugar, de don Juan Carlos. A él debemos, sin duda, muchas venturas: la renuncia de los omnímodos poderes recibidos, por la Ley de Sucesión a la Jefatura del Estado, del régimen anterior, hizo posible nuestra vigente ley de leyes; el haber puesto inmediato y tajante término al golpe de Estado de febrero de 1981; y el despliegue de un infatigable papel como mejor embajador de España en defensa de los intereses nacionales, con relevantes comparecencias ante el Congreso norteamericano, la Duma soviética, la Asamblea china y demás destacadas organizaciones internacionales.

Tras su abdicación, don Felipe ha sido capaz desde 2014, en un contexto enormemente complejo y difícil, gracias a su competencia y a una extraordinaria capacidad de sacrificio y con un inequívoco coste personal respecto incluso de algunos miembros de su familia, de recuperar la imagen de la monarquía, de refrendar su vigencia y de representar los intereses patrios. Ha hecho cierta, por tanto, la aseveración esgrimida ya por Horacio (*Epístolas*) de *Rex eris, si recte facies*; luego recogida, yendo todavía más lejos, por san Isidoro de Sevilla (*Etimologías*): *Si non facias, non eris.*

Una actividad desarrollada en un contexto de desgraciada radicalización política, tan partidista como empobrecedora; con la aparición de la llamada «nueva política» y la paralela segmentación parlamentaria; en una situación de impermeable fragmentación parlamentaria; de la más grave deslealtad nacionalista; y del no siempre respeto a su posición institucional. A saber: groseras ausencias oficiales de los más altos representantes de ciertas comunidades autónomas; iletradas descalificaciones de parte de algunos miembros del Ejecutivo; falta de cumplimiento de las mínimas convencionales y consuetudinarias obligaciones gubernamentales con ocasión de sus viajes de Estado sin la debida presencia de al menos un ministro de jornada; el inadecuado solapamiento de funciones por parte de la Presidencia del Gobierno... No le faltaba razón a José Antonio Zarzalejos para intitular su monografía sobre el actual jefe del Estado: *Un rey en la adversidad.*

Entretanto, don Felipe ha sabido estar en su sitio y supo dar un paso al frente, en su mensaje de 3 de octubre de 2017, ante la declaración independentista del presidente de la Generalitat. Un monarca parlamentario es, en conocida expresión de Benjamin Constant, un «poder neutral». Nadie lo pone en entredicho. Pero no es en cambio, como manifiesta Manuel Aragón, «un poder neutralizado». Como se ha resaltado, con justeza, en el manifiesto abierto «Una década de éxito de una Monarquía renovada», elaborado por la Cátedra de la Monarquía —creada en su momento en la Universidad Rey Juan Carlos y hoy en la Universidad de Burgos—: «Tenemos un rey que es un apasionado defensor de la democracia constitucional y de la monarquía parlamentaria». Pero, además, un monarca que actúa de forma honesta, sin postureos políticos, como acaba de atestiguar su presencia al hilo de las trágicas inundaciones acaecidas en Valencia. El profesor García Pelayo ya concluía, en unos informes inéditos de los años ochenta, sin ambages, lo siguiente: «El rey es un actor constitucional, no un convidado de piedra».

Pues bien, si queremos adentrarnos, de modo pormenorizado y ameno, en los aspectos aquí esbozados, tanto desde una dimensión dogmática como desde una perspectiva práctica, el libro de Manuel Ventero se antoja indispensable. Una obra que realiza un prolijo y acertado repaso a estos últimos diez años de nuestra vida institucional y política desde el particular prisma de la monarquía parlamentaria y del concreto reinado de don Felipe VI. Quedamos, pues, en deuda con nuestro autor.

Entretanto, a nosotros, como afirmó recientemente Miguel Roca en la Real Academia de Jurisprudencia y Legislación de España, «nos queda darnos la mano y no la espalda, suscribir políticas de acuerdo que requieren, eso sí, de valentía y coraje». Este es un reto que no es, no equivoquemos el juicio, obra exclusiva de los actores políticos, sino que nos interpela, como en el soberbio lienzo de Caravaggio, *Vocación de San Mateo*, a cada uno. No esperemos a un inexistente beckettiano Godot, pues no va a llegar. Godot somos nosotros. Que así sea.

Introducción

Semanas después de iniciarse la Gran Guerra, el 28 de julio de 1914, el escritor Romain Rolland publicó en el *Journal de Genève* «Au-dessus de la mêlée», un entusiasta alegato de denuncia de todos los egoísmos que, oportunamente concitados, provocaron el estallido de la primera contienda mundial.

Coherente con sus postulados pacifistas, el escritor formuló un llamamiento urgente a la reconciliación de una Europa empeñada con esmero en la más abyecta obstinación nacionalista.

Rolland se enfrentó a los responsables políticos de la guerra y, especialmente, a los intelectuales, que urdieron la excusa imprescindible para legitimar los desmanes subsiguientes; esto es, el trampantojo necesario para tamaña atrocidad. Censuró la inhibición de muchos pensadores y denunció la actitud de «socialistas» y «cristianos», poniendo de manifiesto su imperdonable fracaso: «apóstoles rivales del internacionalismo, religiosos o seculares, de repente se mostraron como los nacionalistas más ardientes». Los cristianos, traicionando a su Maestro, argumentaban que «la guerra exaltaba las virtudes del sacrificio»; y los socialistas defendían de repente «un despotismo contra otro despotismo».

Poco tuvo de pusilánime la posición de Romain Rolland, quien, enfrentado a todos, lejos de toda comodidad imaginable, evidenciaba su compromiso firme y sincero con la paz. Más allá de reduccionismos varios, sus escritos, compilados bajo el nombre *Au-dessus de la mêlée,* constituyeron una inteligente llamada de atención a la conciencia moral de los europeos y representaron la posición más ecuánime, racional, sincera, valiente y comprometida; el papel más complejo, al tiempo que el más eficaz.

Situarse al margen de la lucha partidaria no fue precisamente lo que hizo el rey Alfonso XIII en Córdoba, el 23 de mayo de 1921, al acusar expresamente a los políticos de no cumplir con el mandato del pueblo; al afirmar comprender «la necesidad de que las provincias inicien un movimiento de apoyo al rey y entonces en el Parlamento no triunfarán las ideas políticas, sino el bien de la Nación»; o al indicar que, solo así, «los políticos se comportarán como deben comportarse, como mandatarios que son del pueblo»; que de ese modo el «pueblo hará efectivo su voto, aquel voto que les dio en las urnas para un mandato que hoy no cumplen, atentos solo a menesteres políticos»; y que, «cuando esto ocurra, los proyectos llevarán a las Cortes la ejecutoria de la realidad».

En ese mismo discurso, casi pronunciamiento, presumiendo de ser rey desde hacía diecinueve años, y pavoneándose de «nunca» haber esquivado la Constitución, Alfonso XIII afirmó conocer «el terreno que piso» y «lo que puedo decir». Pero, muy lejos de saber lo que decía, demostró una absoluta inconsciencia respecto de lo que su actitud suponía y sus palabras representaban. Su irresponsabilidad contribuyó en buena medida al alzamiento de Primo de Rivera el 13 de septiembre de 1923 y al establecimiento subsiguiente, en palabras del historiador Santos Juliá (2017), de una «dictadura con rey». Lejos de oponerse al golpe, Alfonso XIII nombró al general sublevado jefe de un directorio militar. La respuesta a esta colección de dislates, imprudencias e irresponsabilidades la recibió en abril de 1931. «Espero que no habré de volver, pues ello sólo significaría que el pueblo español no es próspero ni feliz», mascullaba al abandonar apresuradamente España, viendo peligrar su vida y a riesgo de complicar aún más la estabilidad del país.

Actitud muy diferente fue la protagonizada, cinco décadas después, por su nieto, Juan Carlos de Borbón y Borbón, cuando, ataviado con un simbólico uniforme de capitán general, neutralizó el golpe de Estado de 1981 (23-F), haciendo uso del llamado «poder de reserva», en palabras de Antonio Jiménez Blanco: «Fondo último e inconcreto de poder que quizá actúa sólo en caso de gravísima crisis».

Y muy diversa también resultó la actuación de Felipe de Borbón y Grecia, quien, desde el inicio de su reinado el 19 de junio de 2014, se ha ceñido escrupulosamente a los estrechos márgenes de una monarquía parlamentaria, mostrándose ajeno siempre a las vicisitudes propias de la disputa política, ejerciendo con neutralidad demostrada un desempeño ejemplar de las funciones arbitrales y moderadoras que la Constitución le atribuye, y situándose siempre, como corresponde a un rey democrático, *au-dessus de la mêlée.*

La monarquía parlamentaria que Felipe VI encarna representa el eslabón último de un proceso histórico que evoluciona desde el absolutismo característico de los primeros reyes a una suerte de «democracia coronada» —en expresión de Óscar Alzaga— en la que «el rey reina, pero no gobierna» —frase acuñada por Adolphe Thiers (1830) en *Le National*— o, si se prefiere, «no gobierna, pero reina». Una monarquía solo así compatible con la democracia, en la que la ausencia de *potestas* se compensa con una eminente *auctoritas*, propia de la más alta dignidad; y un rey árbitro y moderador que expresa formalmente la unidad de un Estado del que es máximo representante (56.1 CE); un monarca que, frente al universo cambiante de la política, ofrece una referencia de continuidad; un rey democrático dedicado, como sugirió Bagehot para el caso británico, a la escrupulosa tarea de animar, advertir y aconsejar.

Felipe VI encontrará su correspondiente legitimidad de ejercicio en el desempeño ejemplar de sus funciones y en la utilidad de sus actos, erigiéndose en referencia permanente de los ciudadanos y de las instituciones.

El Estado de derecho o de cómo protegernos de gobernantes incompetentes y deshonestos

La Constitución española de 1978 trajo consigo la superación de un debate secular relativo a la forma política del Estado, circunstancia atribuible a la convicción, entonces generalizada, de la necesidad de optar, no tanto entre monarquía y república como entre dictadura y democracia.

Al igual que hicieran siglos atrás Montesquieu y «los ilustrados» (empeñados en el cultivo del conocimiento para combatir la ignorancia, la superstición y la tiranía), los españoles de entonces —que no son los de ahora— identificaron la custodia de la libertad como el objetivo principal, al margen de que tal salvaguarda pudiera alcanzarse con una u otra forma de gobierno.

Ciertamente, la historia se ha encargado de demostrar que la convivencia democrática puede darse «tanto bajo la forma de gobierno de la monarquía parlamentaria como de la república más o menos presidencialista» (Iglesias, 2008: 656); y basta con alzar la mirada para comprobar la existencia presente de repúblicas de corte autoritario, al tiempo que monarquías irreprochablemente democráticas: diez de ellas situadas entre los veintidós regímenes más democráticos del mundo, *ranking* que encabeza, desde hace años, el Reino de Noruega.

> Los gobiernan quienes menos saben. Cuantos dirigen esas actividades tendrían que demostrar en qué lugar aprendieron aquello de lo que se encargan. Sin embargo, la mayoría de esos dirigentes improvisa.
>
> Jenofonte, *Recuerdos de Sócrates*

Negar, a la vista de estos datos, la posible conciliación entre los términos monarquía y democracia resulta no solo «políticamente inconveniente, sino también jurídicamente incorrecto», afirma Manuel Aragón (2004: 5-6). Tampoco puede hoy entenderse «la monarquía como la atribución a uno, el monarca, del poder supremo del Estado, y la república como la atribución de ese poder al pueblo», ni las formas de Estado se pueden clasificar en repúblicas y monarquías, sino más bien en «democracias y autocracias», continúa el exmagistrado del Tribunal Constitucional, porque «unas y otras pueden adoptar indistintamente la vestidura monárquica o republicana».

La cuestión, al fin, como advirtiera el filósofo Karl Popper y recuerda la historiadora Carmen Iglesias, no es tanto determinar cuál es la mejor forma de gobierno como aprender a construir y consolidar eficazmente las instituciones democráticas, a fin de «evitar o minimizar los daños que gobernantes incompetentes o deshonestos pueden causar» a la ciudadanía.

La Constitución de 1978 aparcó esta disputa al implantar en España una monarquía racionalizada, en la que el sujeto de la soberanía es el pueblo español y el régimen democrático instalado se muestra respetuoso con los principios que caracterizan al Estado de derecho. A saber: principios de constitucionalidad, de reconocimiento de los derechos fundamentales de la persona, de legalidad de la acción de la Administración pública y de división de poderes. En palabras del historiador Álvarez Junco (2022), «convivir bajo unas mismas normas, compartir los valores básicos en que esas normas se inspiran», construir «instituciones fuertes, poderes separados e independientes, una cierta igualdad social y homogeneidad cultural» y erradicar, en lo posible, «el nepotismo y la corrupción».

Abandonar un régimen dictatorial y abrazar la democracia no es un ejercicio sencillo ni exento de riesgos de la envergadura de un proceso revolucionario o una guerra civil. Requiere estrategia y una gestión eficaz de la memoria de las víctimas. Pablo de Greiff, citado por Álvarez Junco (2022), plantea tres abordajes posibles: 1.º) la argumentación prospectiva, orientada al futuro y fiel a la máxima de George Santayana: «Los pueblos que olvidan su pasado están condenados a repetirlo», sentencia que, siendo brillante, no encierra una verdad absoluta; 2.º) la teoría de que «tenemos una deuda con las víctimas», otra frase lapidaria que, sin embargo, alberga lagunas evidentes; y 3.º) la justicia transicional, que ofrece un planteamiento de presente y, sin duda, más pragmático, «que trata de crear o reforzar la confianza de los ciudadanos hacia sus gobernantes y sus instituciones, e incluso de los ciudadanos entre sí».

En línea con la primera opción —solemne, concisa y preventiva, por no decir amenazante—, resuena la frase de Shakespeare: «El pasado es un prólogo». Y, aunque a veces resulta aconsejable el olvido, lo cierto es que, en el caso español, como explica López Burniol (2019), «la Transición fue posible gracias a que la historia no se olvidó, y se buscó la transacción y el pacto». «Nadie quería repetir los errores del pasado» y, lejos de invocar el derecho al olvido, el proceso se basó más bien «en el derecho y en la obligación de recordar» (De Esteban, 2020).

Pero «la historia es una química peligrosa, vuelve a los pueblos cobardes y fanáticos», sentenciaba visiblemente afligido, pero siempre lúcido, Enrique Krauze (2022), que a continuación advertía: «Cuando la memoria se usa para fines políticos conduce a la violencia y el fratricidio»; y lamentaba: «Por eso es una desgracia que el Gobierno español, dando la espalda al gran legado del pacto democrático de los setenta que nos iluminó a todos, tenga un retroceso en la defensa de su propia historia»; y, por último, confiaba en que «poco a poco triunfará en España la sensatez».

Restauración o instauración, ¿qué fue?

TEORÍA DE LA INSTAURACIÓN O «EL REINO QUE NOSOTROS HEMOS ESTABLECIDO NACE DE AQUEL ACTO DECISIVO DEL 18 DE JULIO»

Desaparecidos Hitler y Mussolini, y consciente de la necesidad de evitar proyectar a nivel internacional la imagen propia de un régimen autoritario, Franco se afanó en recabar apresuradamente toda forma de legitimidad que contribuyera a encubrir la dictadura, en concreto, las tres formas de liderazgo, autoridad o dominación descritas por el sociólogo alemán Max Weber (2012): 1.ª) la dominación *carismática*, propia de líderes que han obtenido, gracias a sus dotes personales, de forma irracional, el respeto y la confianza de sus seguidores; 2.ª) la *tradicional* o proveniente de costumbres y tradiciones profundamente asentadas; y 3.ª) la *legal o racional*, o conforme a las normas vigentes.

Desde un primer momento, Franco ejerció la autoridad *carismática* que, eficazmente sintetizada en la expresión «Caudillo de España, por la gracia de Dios», acompaña siempre a los vencedores. Tan solo habían transcurrido unas semanas del inicio de la guerra, cuando el general asumió todos los poderes como «jefe de Gobierno del Estado español», condición que obtuvo por decisión de la Junta de Defensa Nacional de 29 de septiembre de 1936. Otras normas ulteriores (leyes de 30 de enero de 1938 y de 8 de agosto de 1939) vendrían a consolidar esos poderes.

Pero el resultado de la Segunda Guerra Mundial, con la derrota de las «potencias del Eje» (Alemania, Italia y Japón), obligó a Franco a procurarse otros títulos de legitimidad de cara al nuevo orden internacional. Con esa intención, aprobó el 17 de julio de 1945 el Fuero de los Españoles y el 22 de octubre de ese mismo año la Ley del Referéndum Nacional. Ambos, con rango de ley fundamental, operaron como una eficaz «parodia legitimadora [...] seudorracional y seudodemocrática», advertían De Esteban y González-Trevijano (1994: 36).

El Fuero de los Españoles fue promulgado, no por casualidad, el día en que daba comienzo la *Conferencia de Potsdam*, en la que Harry S. Truman, Winston Churchill y Iósif Stalin, líderes de las potencias aliadas, decidían el futuro de Alemania y de Europa. Con esta nueva ley de deberes y derechos, Franco enviaba un mensaje de compromiso democrático a las potencias victoriosas.

Por último, el régimen exploró una tercera vía de homologación, la legitimidad *tradicional*, a cuyo fin se aprobó la Ley de Sucesión de 26 de julio de 1947. Esta norma, de rango *fundamental* también, definía la «Nueva España» como «un Estado católico, social y representativo que, de acuerdo con su tradición, se declara constituido en Reino»; creaba un Consejo de Regencia y un Consejo del Reino; y regulaba al fin la sucesión en un reino, paradójicamente sin rey, en el que Franco ejercía como jefe de Estado vitalicio y en el que no se reconocían los derechos del conde de Barcelona; quien, en diferentes circunstancias, habría reinado con el nombre de Juan III, en tanto heredero de la Corona, tras la muerte de su padre, Alfonso XIII.

FRANCO, PRÍNCIPE DE GALICIA VS. JUAN CARLOS, PRÍNCIPE DE ESPAÑA

Mientras algunos colectivos influyentes se habían atrevido a sugerir en voz alta la *restauración* de la monarquía, otros jaleaban interesados la vanidad del dictador. Camilo José Cela (2021) evoca con ironía en su libro *Memorias, entendimientos y voluntades* cómo «las mujeres gallegas, quizá no todas, pidieron para Franco el *Principado de Santiago* en abril de 1939, recién terminada la Guerra civil»; y cómo también —continúa— «los lameculos, los insensatos y los conversos habían querido hacerlo *Príncipe de Galicia*».

Según Giménez Martínez (2015: 395), en 1945, Luis Carrero Blanco, a la sazón subsecretario de la Presidencia del Gobierno, habría aconsejado a Franco como modelo de futuro «una monarquía de tipo autoritario». A este respecto, Laureano López Rodó (1979: 32), ministro sin cartera entre 1965 y 1973, rescata en su libro *La larga marcha hacia la Monarquía* un escrito dirigido a Franco por Carrero en el que puede leerse:

> Es evidente que V. E. ha podido coronarse rey de España y, desde mi punto de vista personal, creo que nunca más clara la designación providencial del rey tradicional como en el caso de V. E.; pero V. E. no ha querido tal cosa.

Franco habría rechazado así la propuesta de entronización, tal vez porque «el dictador, nada lerdo —dice Balansó (1996: 275)—, resolvió que era menos ridículo y más práctico convertir España en un reino sin rey, tutelado por él mismo».

Conforme a la ley de sucesión, cuya autoría se atribuye a Carrero, sería el «caudillo» quien propondría a las Cortes, «en cualquier momento [...], la persona que estime deba ser llamada en su día a sucederle, a título de rey o regente» (art. 6). El designado habría de reunir como condición «la estirpe regia», además de «ser varón, español, profesar la religión católica, tener treinta años cumplidos, poseer las cualidades necesarias para el desempeño de la función, jurar las *Leyes Fundamentales* y proclamar lealtad a los Principios del Movimiento Nacional» (art. 9). La ley de sucesión otorgaba a Franco tal capacidad de decisión que llegaba al punto de permitirle solicitar la revocación de la persona por él propuesta, «aunque ya hubiera sido aceptada por las Cortes» (art. 6). Tamaño festival de atribuciones no podía sino dar pie a la expresión «Monarquía del 18 de julio» (Giménez Martínez, 2014). Se trataba, en este sentido, de un inequívoco proceso de instauración, por cuanto, interrumpida la tradición dinástica, se residenciaba la elección del monarca en la exclusiva voluntad del «caudillo».

Las tres legitimidades comentadas —legal-racional, tradicional y carismática— se intentaron conciliar más adelante en la Ley Orgánica del Estado de 1 de enero de 1967, cuya letra y espíritu no habrían traído en el futuro sino una «monarquía burocrática-autoritaria» (De Esteban y González-Trevijano, 1994: 37).

Meses después, un decreto de 12 de julio de 1968, relativo al orden de prelación que habría de seguirse en los actos oficiales, vino a desvelar que Franco había adoptado ya una decisión en cuanto a la persona llamada a sucederle. De acuerdo con lo dispuesto en esa norma, el nuevo orden de precedencia sería (art. 6):

> Jefe del Estado o su representante expresamente designado, *Heredero de la Corona*, Presidente del Gobierno, Vicepresidente o Vicepresidentes del Gobierno, si los hubiere; Ministros del Gobierno; Capitanes Generales del Ejército, Capitanes Generales de la Armada y Capitanes Generales del Aire, por orden de antigüedad.

Juan Carlos de Borbón y Borbón era así considerado «Heredero de la Corona» a efectos de «presidencia de los actos nacionales». La contradicción —un reino sin rey y una dinastía interrumpida cuyos derechos no eran reconocidos por el régimen— se intentó resolver un año más tarde, cuando el 22 de julio de 1969 don Juan Carlos fue proclamado por las Cortes «sucesor a la Jefatura del Estado a título de Rey», con el título de «Príncipe de España»; dignidad de nuevo cuño que sirvió a Franco para definir su extravagante proyecto, marcar distancias con la monarquía liberal y evitar, de camino, la expresión «Príncipe de Asturias» que, siendo el título tradicional del heredero de la Corona, presuponía la existencia de un rey.

Obviamente, «Príncipe de España» y «Príncipe de Asturias» no podían considerarse, en modo alguno, títulos equivalentes (Suárez, 2007: 570). El principado de Asturias había sido creado por Juan I 581 años antes de que Franco engendrara el principado «de España». Tras su enlace matrimonial en 1388 con su prima Catalina de Lancaster, Enrique de Castilla recibió de su padre, Juan I de Castilla, la dignidad de «Príncipe de Asturias»; y desde entonces el título ha servido para señalar al heredero de la Corona de Castilla, primero, y al heredero de la Corona española después (Rozada, 2021).

Como legatario, le habrían correspondido a don Juan Carlos, además del principado de Asturias, los títulos de príncipe de Gerona y de Viana, duque de Montblanc, conde de Cervera y señor de Balaguer. Pero estas credenciales, todas ellas, necesitaban una concesión previa que Franco no quería ni podía ya, a esas alturas, aceptar: el reconocimiento de la legitimidad de Juan de Borbón y Battenberg, incompatible con su proyecto político y personal.

La elección de su hijo Juan Carlos constituía una atrevida y humillante pirueta en el orden sucesorio, un salto narrativo que ignoraba a don Juan, jefe de la Casa Real de España, hijo del rey Alfonso XIII y, dinásticamente hablando, futuro Juan III. Franco creyó apuntalar, de esta manera, la continuidad del régimen, en la esperanza de que el joven Borbón, formado a imagen y semejanza suya, haría perdurar la llamada «Monarquía del 18 de julio». Tras la muerte del dictador, pronto se sabría, sin embargo, que el destino de los españoles iba a ser otro bien diferente.

La sesión extraordinaria y conjunta de las Cortes españolas con el Consejo del Reino, celebrada el día 22 de noviembre, a fin de recibir juramento y proclamar rey a S. A. R. don Juan Carlos de Borbón y Borbón, se inició, de acuerdo con el ceremonial, dando lectura a los artículos 1 y 4 de la nueva Ley de 22 de julio de 1969. Y así, por orden del vicepresidente primero de las Cortes, el secretario leyó:

> Artículo 1. Al producirse la vacante en la Jefatura del Estado se instaurará la Corona en la persona del Príncipe don Juan Carlos de Borbón, que la transmitirá según el orden sucesorio establecido en el artículo 11 de la Ley Fundamental de 26 de julio de 1947, modificada por la Ley Orgánica del Estado de 1 de enero de 1967.

Y a continuación:

> Artículo 4. Vacante la Jefatura del Estado, el Príncipe don Juan Carlos de Borbón y Borbón prestará juramento y será proclamado Rey por las Cortes Españolas, conforme al artículo 7 de la Ley de Sucesión, y dentro del plazo de ocho días desde aquel en que se produzca la vacante.

El mencionado artículo 7 establecía que, llegado el momento de la sucesión, el Consejo de Regencia asumiría los poderes en su nombre y convocaría conjuntamente a las Cortes y al Consejo del Reino «para recibirle juramento prescrito en la presente Ley y proclamarle Rey o Regente».

El día 22 de noviembre de 1975, dos días después de la muerte de Franco, don Juan Carlos de Borbón y Borbón fue proclamado rey de España, tras prestar juramento según lo previsto en el artículo 9 de la Ley de Sucesión en la Jefatura del Estado de 1947. La monarquía fue así instaurada, de acuerdo con el plan «ideado por los teóricos del régimen a fin de lograr su supervivencia, una vez desaparecido su creador» (De Esteban y González-Trevijano, 1994: 38).

Es interesante en este punto la crónica de Torres del Moral (2018) sobre el calificativo más acertado del tránsito del franquismo a la monarquía; del proceso de instauración y/o restauración de la monarquía. Más adelante lo veremos.

TEORÍA DE LA RESTAURACIÓN O BORBÓN TENÍA QUE SER

Juan Carlos de Borbón y Borbón no se convirtió en rey por su cualidad de heredero de la Corona, sino por su condición de «sucesor» de Franco. Su puesto en la línea sucesoria no resultó ser condición suficiente ni, en buena medida, necesaria. Esa circunstancia afianza la tesis de la instauración, ciertamente, como también el hecho de que su propio padre hablara de «instauración» el 14 de mayo de 1977, durante el discurso pronunciado en el Palacio de la Zarzuela, en el que un legítimo conde de Barcelona —despectivamente llamado por la prensa falangista «el pretendiente»— renunció a sus derechos dinásticos, en favor de su hijo:

> *Instaurada* y consolidada la monarquía en la persona de mi hijo y heredero, don Juan Carlos [...], creo llegado el momento de entregarle el legado histórico que heredé, y en consecuencia ofrezco a mi patria la renuncia de los derechos históricos de la monarquía española.

El mismísimo Juan de Borbón, legítimo heredero, condensa en este párrafo las dos hipótesis. De un lado, confirma la *restauración* de la monarquía al ceder a su hijo Juan Carlos la legitimidad *tradicional* derivada de la sucesión dinástica, entregándole su exclusivo e intransferible derecho; pero, de otro, reconoce expresamente la *instauración,* en tanto víctima de la elipsis dinástica dispuesta por Franco que él mismo encarna. De ese momento se deduciría el concepto híbrido de «re-instauración», acuñado por Jorge de Esteban y Pedro González-Trevijano (1994: 35), para explicar el procedimiento complejo y simultáneo que condujo a la implantación de la monarquía actual.

La búsqueda de la legitimidad o el sueño apacible de un gobernante legítimo

Recuerda el historiador Enrique Krauze (1993) en un artículo sobre la evolución del poder que la legitimidad ha sido y sigue siendo la llave maestra, la *conditio sine qua non* «para ejercer el mando». Y así, como en las tragedias de Shakespeare, mientras «el gobernante legítimo duerme de modo apacible», «los sueños de un usurpador [...] están poblados de fantasmas». *Hamlet* cuenta la historia de un poder arrebatado al que Claudio accede «por medio de un asesinato en complicidad con la esposa del rey asesinado» (Zuleta, 2018: 15).

La legitimidad *tradicional* es la fuente de autoridad propia y específica de las monarquías: «No era el voto del pueblo el que otorgaba la gracia del poder, ni el imán personal de un caudillo carismático lo que llevaba a los hombres al trono y los mantenía en él por generaciones y siglos: era la sanción inmemorial que proviene de Dios», dice Krauze.

En Inglaterra, ya en el siglo XIII, se había iniciado un proceso de limitación del poder del rey (legitimidad *racional*), que convivía, es verdad, con la legitimidad *tradicional.* En Europa, sin embargo, esta evolución se inició siglos más tarde. Como consecuencia de las ideas liberales que caracterizaron el siglo XIX, habría sido de esperar que la legitimidad *racional* desplazara para siempre las otras dos fuentes de dominación, pero el ansia de poder «y el peso de las tradiciones son inercias tan firmes como las montañas» (Krauze). En las décadas siguientes, Mussolini en Italia y Hitler en Alemania encarnaron con creces la dominación *carismática*; y Stalin, en Rusia, hizo lo propio con la dominación *tradicional*, fundando paradójicamente su liderazgo en la tradición de los zares que los comunistas acababan de exterminar. Y ello sucedió en nombre de lo siguiente:

> Una ideología revolucionaria (el marxismo-leninismo) que reclamaba para sí el monopolio de la verdad, la moral y la historia, una caricatura de religión que en la guerra o los campos de concentración llevó a la hoguera a decenas de millones de hombres.

El siglo XX vio nacer y morir la legitimidad carismática encarnada por nazis y fascistas; y, sucesivamente, la autoridad tradicional ejercida por los revolucionarios bolcheviques. Albergábamos la esperanza, tras su desaparición, de que el siglo XXI confinara definitivamente estas dos formas de dominación a favor de una única y definitiva legitimidad *legal*. Nadie podía imaginar el despreciable ejercicio de dominación ¿carismática, tradicional? ostentada por Putin, «el hombre fuerte sobre las leyes, instituciones y libertades de la democracia liberal», escribía en 2022 un contrariado Krauze.

La legitimidad de don Juan Carlos

La consolidación de la monarquía fue posible gracias a tres circunstancias que, a su vez, permitieron a don Juan Carlos de Borbón y Borbón investirse de las tres legitimidades señaladas sugeridas por Weber (2012):

1.ª) La *tradicional*, que obtiene el 14 de mayo de 1977, en el momento en que don Juan de Borbón y Battenberg, jefe de la Casa Real de España y, en consecuencia, titular de los derechos históricos de la monarquía española, renuncia a ellos, entregando a su hijo «el legado histórico que heredé».

2.ª) La *legal-racional*, por cuanto su nombramiento, de acuerdo con la legalidad vigente, supuso la aceptación del régimen, encargándose personalmente Franco de explicar a las Cortes españolas, el 22 de julio de 1969, que don Juan Carlos había dado «claras muestras de lealtad a los principios e instituciones del régimen» y se hallaba «estrechamente vinculado a los Ejércitos de Tierra, Mar y Aire, en los cuales forjó su carácter»; y que tal designación, que aseguraba «la unidad y la permanencia de los Principios del Movimiento Nacional», estaba «en todo conforme con las normas y previsiones de nuestras leyes». «Si desde una perspectiva democrática puede concluirse que esta legitimidad es deleznable y contraproducente —decía Gabriel Cisneros (2003: 26)—, la pulcritud histórica obliga a reconocer que de ella derivaron las más decisivas consecuencias». No en vano, muerto Franco, don Juan Carlos impulsó la Transición y promovió un proceso democrático que culminó con la aprobación en referéndum de una constitución de corte progresista. La aceptación de la monarquía por parte del pueblo español fue mayoritaria, incluida parte de la oposición antifranquista. Tal circunstancia le procuró una tan nueva como necesaria legitimidad legal-racional, ahora ya democrática.

3.ª) La *carismática*, consecuencia del desmantelamiento, años más tarde, de la intentona golpista del 23 de febrero de 1981. Secuestrados los poderes ejecutivo y legislativo, el rey, invocando su mando supremo de las Fuerzas Armadas —simbólico, bien es cierto— neutralizó el golpe militar por medio de un breve discurso dirigido a los mandos del Ejército. Así, recordaba Cisneros:

> Curiosamente el dirigir mensajes a la Nación no figura entre las atribuciones del rey [...], en contra de lo que pretendía una previsora enmienda de Laureano López Rodó que no prosperó [...]. A nadie, no obstante, se le ocurrió el peregrino despropósito de denunciar como «anticonstitucional» la comparecencia de don Juan Carlos en TVE. No lo era. (Ventero, 2011).

Ciertamente, su intervención el 23 de febrero de 1981 le granjeó la autoridad *carismática*. Don Juan Carlos culminaba entonces un proceso de reconocimiento social y popular cuyo primer antecedente ha de buscarse en el discurso de proclamación, pronunciado el 22 de noviembre de 1975, cuando anunció su voluntad de ser «el rey de todos los españoles»; una legitimidad que fue consolidándose con el paso de los años. Cisneros (2003: 27) refería algunos hitos de este acrecentamiento de la legitimidad, forjada año tras año en el ejercicio de su alta autoridad moral:

> En su actuación prudente en el delicado mecanismo político del encargo de investidura; en su alta representación de España en el exterior, sobre todo ante las naciones de nuestra comunidad histórica; en su presencia constante en los centros y actividades de las Fuerzas Armadas; en los mensajes de Navidad; en su presencia, la de la reina, el príncipe y las infantas en los trances de catástrofes o duelos colectivos; en la ausencia de «camarilla»; en la afabilidad del trato con los ciudadanos; en la llaneza borbónica; en la actitud para implicar afectivamente a toda una Nación en los dramas personales —aquella lágrima nada furtiva de SS. MM. en el entierro de don Juan— y en las alegrías familiares: la vibración inolvidable de Sevilla y Barcelona, en las bodas de las Infantas...

Sin duda, eran tiempos muy diversos a los actuales que ni siquiera el perspicaz Gabriel Cisneros pudo sospechar.

Volviendo a la instauración; o de la libertad de Franco para instaurar o restaurar a su antojo

Frente a quienes califican el proceso como *restauración* de la monarquía tradicional española que rigió durante más de dos siglos, porque finalmente recayó en Juan Carlos de Borbón y Borbón, descendiente directo de Alfonso XIII, último rey reinante, autores como Torres del Moral (2018: 109) defienden que, aun conservando dicha dinastía, «el dictador era libérrimo para dar a su régimen la salida política que deseara»; y, como tal, decidió la instauración.

En una carta remitida el 15 de enero de 1969 a su hijo Juan Carlos, en vísperas de un inminente decreto sucesorio de Franco, el conde de Barcelona mostraba su desconsuelo ante la falta de consenso entre hijo y padre: «Sería imperdonable que, en este momento, conscientes de nuestra responsabilidad y deber, tú y yo no hubiéramos llegado, de común acuerdo, a un concepto de lo que en esa coyuntura es mejor para España».

Los habituales y conocidos desencuentros entre Franco y don Juan no animaban precisamente al general a respetar el orden sucesorio. En todo caso, «el dictador quiso imprimir a dicha instauración un apodíctico carácter adánico», interpreta Torres del Moral (2018: 110). Por si restaba alguna duda, en el discurso antes referido de 22 de julio de 1969, en el que anunció la designación como «sucesor, a título de rey» de don Juan Carlos de Borbón y Borbón, Franco aprovechó para hacer memoria y pedagogía, empezando por explicar a sus procuradores en las Cortes españolas que «nuestro» reino, nacido del 18 de julio, nada «debía» al pasado:

> El reino que nosotros, con el asentimiento de la Nación, hemos establecido, nada debe al pasado; nace de aquel acto decisivo del 18 de julio, que constituye un hecho histórico trascendente que no admite pactos, ni condiciones. La forma política del Estado nacional establecida en el principio 7° de nuestro Movimiento, refrendada unánimemente por los españoles, es la monarquía tradicional, católica, social y representativa.

A continuación, Franco recuerda la prerrogativa que la ley de sucesión le otorga para determinar lo siguiente:

> En cualquier momento [...] la persona que estime debe ser llamada a sucederle, sin más condición que ser de estirpe regia, varón, español, haber cumplido la edad de treinta años, profesar la religión católica, poseer las cualidades necesarias para el desempeño de tan alta misión y jurar las Leyes Fundamentales, así como lealtad a los Principios que informan el Movimiento Nacional.

Y acto seguido, aun explicando que el «príncipe don Juan Carlos de Borbón y Borbón» pertenecía a «la dinastía que reinó en España durante varios siglos», aclara que «se trata, pues, de una instauración y no de una restauración»; precisando que «sólo después de instaurada la Corona en la persona de un Príncipe comienza el orden regular de sucesión que se refiere en el artículo 11 de la misma ley».

En cuanto a su propio desenlace personal y político, Franco presenta en términos de normalidad el hecho sucesorio —«impuesto por la condición mortal de los hombres»— y tranquiliza a sus procuradores, por cuanto «la decisión [el anuncio de la sucesión en la persona del príncipe] contribuirá, en gran manera, a que todo quede atado y bien atado».

Franco insiste en que «el armazón institucional permanece con idéntica capacidad creadora» y que lo importante es que ejerzan sus funciones «los hombres que con aptitud legal y reconocida lealtad sean los más capaces para desempeñarlas».

Sobre la fecha del anuncio, Franco explica que, ya en 1947, año de promulgación de la ley de sucesión, «hubiera podido hacerse», pero lo importante entonces era culminar el «proceso institucional» y determinar «los deberes y facultades futuras del jefe del Estado». Y así, vistas «con toda objetividad las condiciones que concurren en la persona del príncipe don Juan Carlos de Borbón y Borbón», quien, «perteneciendo a la dinastía que reinó en España durante varios siglos», ha ofrecido «claras muestras de lealtad a los principios e instituciones del Régimen», «se halla además estrechamente vinculado a los Ejércitos de Tierra, Mar y Aire, en los cuales forjó su carácter», y durante «los últimos veinte años ha sido perfectamente preparado para la alta misión a que podía ser llamado [...], he decidido proponerle a la Patria como mi sucesor».

Sobre la monarquía que vendrá, el mito del imperio y la legitimidad de ejercicio

Sobre el futuro monárquico de España, «cuando por ley natural mi capitanía llegue a faltaros», Franco tranquiliza a sus procuradores, ya que «hoy no se puede decir que las monarquías representan al sector conservador de los pueblos, pues si contemplamos las monarquías de las distintas naciones del norte de Europa, tenemos que reconocer el progreso y la eficiencia social que registran».

Más allá de la singular percepción que tiene Franco del régimen que representa y de sí mismo, no podía faltar en la secuencia argumental la invocación al mito y al guerrero, a los tiempos de gloria. Considera la designación del sucesor «conforme con el carácter de nuestra tradición, gloriosamente representada en los bravos luchadores que durante un siglo se mantuvieron firmes contra la decadencia liberal y frente a la disolución de nuestra Patria por obra del marxismo». Y la decisión —afirma, además— «asegura la unidad y la permanencia de los Principios del Movimiento Nacional».

Franco explica que «lo trascendente de las instituciones no es el nombre, sino el contenido»; y qué mejor invocación y paradigma que «la monarquía de los Reyes Católicos, que tantos años de gloria dio a la Nación», «un ejemplo perenne de su popularidad y de la defensa constante de los derechos sociales de nuestro pueblo». El general precisa —«no tenemos que ir a buscar fuera ejemplos»—, aunque advierte y aconseja al heredero: «La legitimidad *de ejercicio* constituye la base de la futura monarquía, en que lo importante no es la forma, sino precisamente el contenido». Y, siendo el nombramiento «conforme con las normas y previsiones de nuestras leyes», por si fuera poco, recuerda que en la persona del príncipe «confluyen las dos ramas que en su día determinaron las pugnas sucesorias del siglo pasado». Un argumento añadido a favor de la legitimidad *tradicional*, consustancial a la monarquía hereditaria.

Para terminar, un subrayado incómodo hoy de leer:

> Ha de quedar claro y bien entendido, ante los españoles de hoy y ante las generaciones futuras, que esta monarquía es la que, con el asenso clamoroso de la Nación, fue instaurada con la *Ley de Sucesión* el 7 de julio de 1947, perfeccionada por la *Ley Orgánica del Estado* de 10 de enero de 1967; monarquía del Movimiento Nacional continuadora perenne de sus principios e instituciones y de la gloriosa tradición española.

Y, por si quedaba alguna duda de su consideración sobre el proceso, Franco termina afirmando que, «para cumplir las previsiones sucesorias, se instaurará, en su día, la Corona en la persona que hoy proponemos como sucesor». La ley contó con el beneplácito de 491 procuradores, nueve se abstuvieron y diecinueve se manifestaron en contra (las alas falangista y sindical).

Una instauración ¿«bien atada»?

Franco recordaba recurrentemente en sus intervenciones la importancia de las «instituciones» del régimen y aseguraba en su «testamento político» que todo había quedado —como prometió— «atado y bien atado». El 30 de diciembre de 1969, a las diez de la noche, desde el palacio de El Pardo, leía el tradicional mensaje de fin de año. Adolfo Suárez González, director general de Radiodifusión y Televisión, supervisaba personalmente la transmisión a través de Radio Nacional y Televisión Española. Franco habla de «una década de grandes avances» que, en el orden político, suponían «la culminación de nuestro ordenamiento institucional»: la Ley Orgánica del Estado de 1967 y subsiguientes Ley Orgánica del Consejo del Reino, Ley Orgánica del Movimiento y de su Consejo Nacional, ley de libertad en materia religiosa y el recurso de contrafuero. A continuación, garantiza la futura «estabilidad política de la Nación»:

> Respecto a la sucesión a la Jefatura del Estado, sobre la que tantas maliciosas especulaciones hicieron quienes dudaron de la continuidad de nuestro Movimiento, todo ha quedado atado y bien atado con mi propuesta y la aprobación por las Cortes de la designación como sucesor a título de rey del príncipe don Juan Carlos de Borbón. Dentro y fuera de España se ha reconocido, tanto con los aplausos como con los silencios, la prudencia de esta decisión trascendental.

Asimismo, Franco argumenta:

> La nueva monarquía española ha sido instaurada en virtud de dos votaciones populares reiteradas en el plazo de veinte años, en

el referéndum nacional de 1947, que aprobó la Ley de Sucesión, y en el de 1966, que refrendó la Ley Orgánica del Estado.

Y así, «dos generaciones de españoles [...] han dado su voto multitudinario a nuestro sistema político». «La designación concreta del futuro rey obtuvo la aprobación de las Cortes Españolas, representación genuina de la Nación».

Advierte que «la instauración de nuestra monarquía cuenta con un respaldo popular prácticamente absoluto» y se retrotrae al año 1700 para comparar a don Juan Carlos con el primer rey de la Casa de los Borbones, Felipe V, «en cuya entronización —dice Franco— jugaron mucho más las maniobras políticas de potencias extranjeras que la propia voluntad del pueblo español».

El general recuerda la «memorable» sesión del 22 de julio, en la que explicó que, en el futuro, «la sucesión a la Jefatura del Estado constituirá [...] un hecho normal que viene impuesto por la condición perecedera de los hombres». Confía en que Dios siga otorgando a España su protección «cuando mi capitanía llegase a faltaros», y afirma:

> La permanencia inalterable de los Principios del Movimiento, la solidez del sistema institucional del Estado y la designación y juramento prestado por el Príncipe de España, de cuya lealtad y amor a la patria ha dado sobradas pruebas, son firme garantía de la continuidad de nuestra obra.

Normalizaba el «hecho sucesorio» —así solía referirse al momento de su propia muerte— y transmitía tranquilidad gracias a un sencillo mantra: después de Franco, las instituciones y, con ellas, el régimen.

En lo que al sucesor afectaba, el rey habría de atenerse a lo establecido: «Heredaba un régimen aconstitucional regido por unas Leyes Fundamentales que disponían una Jefatura del Estado autoritaria controlada por un partido único: el Movimiento Nacional, "de signo inicialmente fascista"» (Torres del Moral 2018: 109-111), a cuya ortodoxia expresó don Juan Carlos «su inclinación» en distintas ocasiones.

El 23 de julio de 1969, en su «Discurso de aceptación» (*Ya*, 1969: 14) como «sucesor a título de Rey», pronunciado a las 11:15 horas en el Palacio de la Zarzuela, don Juan Carlos se reconoció «formado en la España surgida el 18 de julio»; afirmó haber «conocido paso a paso las importantes realizaciones que se han conseguido bajo el mandato magistral de generalísimo»; y explicó que tal acto de conformidad incluía su «promesa firme» de velar por «que los Principios de nuestro Movimiento y Leyes Fundamentales del Reino sean observados», y que, «dentro de esas normas jurídicas, los españoles vivan en paz y logren cada día un desarrollo creciente en lo social, en lo cultural y en lo económico».

Ese mismo día, «en nombre de Dios, y sobre los Santos Evangelios», el presidente de las Cortes, Antonio Iturmendi Bañales, preguntó a don Juan Carlos: «¿Juráis lealtad a Su Excelencia el Jefe del Estado y fidelidad a los Principios del Movimiento Nacional y demás Leyes Fundamentales del Reino?». El Príncipe juró arrodillado sobre un cojín de terciopelo granate. Eran las 19:20 e Iturmendi concluyó: «Si así lo hiciereis, que Dios os lo premie, y si no, os lo demande». En su inmediato discurso, el príncipe de España afirma recibir:

> [...] de Su Excelencia el jefe del Estado y generalísimo Franco la legitimidad política surgida del 18 de julio de 1936 en medio de tantos sacrificios, de tantos sufrimientos, tristes, pero necesarios, para que nuestra patria encauzase de nuevo su destino.

Y a continuación, dirigiéndose a «mi general», don Juan Carlos compromete que «mi pulso no temblará para hacer cuanto fuere preciso en defensa de los principios y leyes que acabo de jurar». Y así lo hizo ante el aplauso abrumador de los presentes, todos varones (*ABC*, 1969).

El 10 de febrero de 1970, en la clausura del Consejo General de la Guardia de Franco, el príncipe de España, formulando diversos paralelismos, se dirigía en estos términos a los miembros del Consejo: «Habéis jurado servir a España; yo también. Habéis jurado fidelidad a los Principios del Movimiento y a las leyes Fundamentales; yo también. Habéis jurado lealtad a Franco y a lo que Franco significa; yo también».

Y el 23 de marzo de 1970, en su discurso a los alféreces provisionales, en términos semejantes afirma:

> La tarea en que estamos comprometidos responde a las constantes históricas de nuestra monarquía secular y, por ello, Franco ha querido dejar bien sentado que sea esta forma de gobierno tradicional la que herede al Estado surgido con el esfuerzo y la sangre de los mejores.

Y a continuación esgrimía: «He jurado lealtad a los Principios Fundamentales del Movimiento, ideales por los que murieron vuestros compañeros en la Cruzada. Sobre estos ideales tenemos que basar el desarrollo del país, buscando sin desmayo la grandeza de España» (Clemente, 2013).

Don Juan Carlos contaba, no obstante, con la oposición de su padre, el conde de Barcelona, quien recordaba amargamente la naturaleza inextinguible del legado de su progenitor, Alfonso XIII, e insistía en que «la sucesión no podía desembocar en la monarquía del 18 de julio, sino en la que había venido reinando en España desde el siglo XVIII».

En una declaración política, pronunciada el 14 de junio de 1975 en Estoril, al término de una cena con «setenta y tantas personas», don Juan se reafirmó como jefe de la dinastía, en tanto sucesor de Alfonso XIII y, como tal, «titular de deberes y derechos imprescriptibles que [...] no puedo en conciencia abandonar porque nacen de muchos siglos de historia y están directamente ligados a cuanto demanda el presente y el porvenir de España» (*Informaciones*, 1975).

Haciendo referencia al denominado *Segundo Manifiesto de Estoril*, publicado el 19 de julio de 1969, don Juan consideró «conveniente» recordar algunas de aquellas frases:

- Para llevar a cabo esta operación, no se ha contado conmigo, ni con la voluntad libremente manifestada del pueblo español. Soy, pues, un espectador de las decisiones que se hayan de tomar en las materias y ninguna responsabilidad me cabe en esta instauración.

- No soy el jefe de ninguna conspiración. No soy el competidor de nadie. No deseo que mi persona sea motivo de discordia entre españoles. No pretendo nada.
- Pero la realidad es que, desde que acepté la sucesión de mi padre y la irrenunciable jefatura de la dinastía, soy el titular de deberes y derechos imprescriptibles que [...] no puedo en conciencia abandonar, porque nacen de muchos siglos de historia y están directamente ligados a cuanto demanda el presente y el porvenir de España.
- Porque eso es así, siempre he procurado encarnar la institución con dignidad para que, llegado el día, ella pueda ser útil al interés general de la Nación y al especial de los diversos pueblos que gloriosamente la forjaron.
- Concibo la monarquía como salvaguarda de los derechos humanos y de las libertades políticas y sociales fundamentales, como instrumento de concordia entre todos los españoles.
- No vacilaré un momento en ponerme al servicio de nuestra patria.

Tratando en vano de persuadir a quien en absoluto estaba dispuesto a atender sus pretensiones, su lamento se extendió hasta el 14 de mayo de 1977, día en que renunció a sus derechos dinásticos en favor de su hijo, treinta y dos días antes de la celebración de unos comicios democráticos a Cortes, que resultaron ser constituyentes.

Juan de Borbón y Battenberg murió el 1 de abril de 1993 y fue enterrado en el Monasterio de El Escorial, con honores de rey de España.

Características de la monarquía parlamentaria; o del absolutismo a la democracia manteniendo la Corona

Porque ocurre que como rey no puedo hacer otra cosa: solo me corresponde autorizar la presentación de los proyectos al Parlamento y sancionarlos cuando se aprueban, pero nada más. No soy Rey absoluto, solo soy absoluto para ofrecer mi vida en bien del país, y eso lo he hecho y lo hago con gusto y sin responsabilidad [ovación y vivas al Rey]. Al mismo tiempo que se ha quitado la responsabilidad a la Corona, se le ha dado al Parlamento la facultad, y es muy duro decir, pero es muy cierto, que el Parlamento no responde a ese fin, que los proyectos bien orientados, que habrían de producir bienes al país, no salen adelante. Se discuten pesadamente y en la discusión jamás se ve el deseo de mejorar el proyecto sino el propósito de evitar que se apruebe, sirviendo así móviles políticos. Andando el tiempo cae el gobierno autor del proyecto, otros hombres se encargan del poder y de nuevo vuelve a firmar el rey el proyecto para que se presente en Cortes, y los que ayer lo presentaron y no pudieron convertir en realidad su intento, por ley de la lógica política, impiden su aprobación. Creerá alguno al decir esto que me estoy saliendo de la Constitución. No. Hace diecinueve años que soy rey y no me salgo de la Constitución nunca, sé siempre el terreno que piso, sé lo que puedo decir. Y porque lo sé, a la vista de las cosas que dejo relatadas, comprendo la necesidad de que las provincias inicien un movimiento de apoyo al rey y entonces en el Parlamento no triunfarán las ideas políticas, sino el bien de la Nación. Entonces los políticos se comportarán como deben comportarse, como mandatarios que son del pueblo. Y el pueblo hará efectivo su voto, aquel voto que les dio en las urnas para un mandato que hoy no cumplen, atentos solo a menesteres políticos. Cuando esto ocurra, los proyectos llevarán a las Cortes la ejecutoria de la realidad (Alfonso XIII, Córdoba, 23 de mayo de 1921).

La monarquía parlamentaria ha de entenderse hoy como la última estación de un proceso histórico que se inicia con las lejanas monarquías absolutas, en las que el titular de la Corona —*legibus solutus*— congregaba todos los poderes. Excepto en Gran Bretaña, que conoció un desarrollo diferente, el soberano, «fuente de todo el Derecho» y heredero de un poder de «origen divino», se situaba al margen de las leyes (De Esteban y González-Trevijano, 1994: 41).

CULMINACIÓN DE UN PROCESO SECULAR

Desde Ataúlfo (410-415), primero de los reyes godos, se cuentan en España 1600 años de monarquía tan solo interrumpida por la fugaz Primera República (1873-1874); la efímera segunda, cuyo nombre oficial era República española (1931-1939); y la prolongada dictadura de Franco (1939-1975). Tres lapsos que, juntos, no alcanzan a sumar el medio siglo. En este tiempo, la institución ha evolucionado desde su origen absolutista hasta el modelo parlamentario que hoy conocemos, pasando por la llamada monarquía constitucional limitada. Conscientes de que, como escribía Pierre Subra de Bieusses (1979), «la monarquía no sabría ser democrática más que siendo parlamentaria», los constituyentes españoles consagraron en 1978 un modelo en el que el monarca carece de poderes propios, a fin de que todo poder efectivo emane del pueblo.

¿JUAN CARLOS? A LO SUMO, REY POR UNOS MESES

El artículo en que Subra señalaba, de forma diestra y perspicaz, el único camino posible para la monarquía del 78, comienza con unas declaraciones de Santiago Carrillo a la revista italiana *L'Europeo*, el 10 de octubre de 1975: «Quelles sont les perspectives de Juan Carlos? Au plus être roi pour quelques mois» (¿cuáles son las perspectivas de Juan Carlos? A lo sumo, ser rey por unos meses).

Visto lo sucedido, se diría que el líder comunista no acertó, pero Carrillo, en realidad, tan solo advertía sobre la tentación de proclamar una monarquía constitucional limitada que, al no cumplir con las expectativas de los españoles, llevaría al país al enfrentamiento nuevamente, y al régimen monárquico a su disolución. Ciertamente, en la implementación de una monarquía parlamentaria, y por tanto democrática, se haya, sin duda, la explicación del largo reinado de Juan Carlos I, tan solo interrumpido por su personalísima decisión de abdicar.

Tras las elecciones de 1977, las Cortes se encargaron de redactar la Constitución que consagraría el actual sistema democrático. Emilio Attard, presidente de la Comisión de Asuntos Constitucionales y Libertades Públicas, rogaba a los parlamentarios «la delicadeza obligada cuando hagamos referencia a instituciones que son objeto de debate, sin merma de la libertad que todos tenemos para expresar nuestro pensamiento». Sus señorías se manifestaron libremente sobre las funciones de un rey que impulsaba, como el primero, un cambio que iba a limitar su ejercicio: «Me estáis dejando sin trabajo», llegó a exclamar irónicamente el todavía plenipotenciario Juan Carlos I.

El *Diario de Sesiones* refleja, para quien desee asomarse, un debate elevado y responsable en el que destacan los argumentos esgrimidos por partidos de naturaleza republicana, en un claro ejercicio de pragmatismo y actualización de su ideario original. El PSOE mantuvo su voto particular republicano «por honradez y por lealtad». Su portavoz, Luis Gómez Llorente, evocó la intervención parlamentaria de Pablo Iglesias el 10 de enero de 1912 —«quien aspira a suprimir al rey en el taller, no puede admitir otro rey»— pero, a continuación, aclaró que «el socialismo no es incompatible con la monarquía cuando esta institución cumple con el más escrupuloso respeto a la soberanía popular», y anunció que, «si democráticamente se establece la monarquía, en tanto sea constitucional, nos consideraremos compatibles con ella».

SOLO UNA MONARQUÍA «REPUBLICANA» PUEDE TENER HOY LEGITIMIDAD PARA LOS DEMÓCRATAS

Eduardo Martín Toval, portavoz del Grupo Socialistes de Catalunya, sugería una monarquía ajena a la acción de gobierno y explicaba que «ser republicanos hoy puede significar salvar a la monarquía actual de sus adherencias no democráticas», recordando que «sólo una monarquía, por así decir, "republicana", puede tener hoy legitimidad para los demócratas».

En representación del Grupo Comunista, Jordi Solé Tura invocó la autoridad de Santiago Carrillo: «Mientras la monarquía respete la Constitución, nosotros respetaremos la monarquía». Desde el principio, el PCE reconoció a don Juan Carlos una legitimidad de ejercicio. Carrillo había advertido de que «tras la tragedia de la Guerra Civil española, lo importante no era la forma de Estado, sino la reconciliación nacional», y concedía al monarca un papel decisivo en el restablecimiento de las libertades. Para Solé Tura, la cuestión republicana representaba «una aventura catastrófica que no traería la república y haría perder la democracia». Completado el trámite parlamentario, la mayoría reconoció la institución, no tanto por un fervor monárquico generalizado —que no existía— como por una convicción de eficacia instrumental, que implicaba —es verdad— un compromiso de constante legitimación.

UNA DEMOCRACIA CORONADA Y UN REY AYUNO DE PODERES

La monarquía parlamentaria es, de este modo, el último paso de un proceso histórico que evoluciona desde el absolutismo característico de los primeros reyes a una suerte de «democracia coronada» —en expresión de Óscar Alzaga—, en la que el rey reina, pero no gobierna (Thiers); o, si se prefiere, no gobierna, pero reina. Una monarquía compatible con la democracia, en la que la ausencia de *potestas* se compensa con una eminente *auctoritas*, propia de la más alta dignidad; y un rey árbitro y moderador que expresa formalmente la unidad de un Estado del que es máximo representante (art. 56.1). Un monarca que, frente al universo cambiante de la política, ofrece una referencia de continuidad; un rey democrático dedicado, como sugirió Bagehot para el caso británico, a la escrupulosa tarea de animar, advertir y aconsejar.

De la Revolución francesa, en 1789, deriva la monarquía *constitucional limitada*, que supuso el fin del absolutismo. Constituciones como la francesa de 1791 o la española de 1812, en cuya redacción prevalecía el *principio democrático* sobre el *principio monárquico*, dieron pie a la ingeniosa expresión «monarquía republicana» (Aragón, 2004: 2).

Se iniciaba así un segundo período inducido por el ejemplo de la monarquía británica que, desde el siglo XVII, había emprendido un camino progresivo e irreversible de limitación del poder regio, con base: 1.º) en la doctrina de la *separación de poderes* del barón de Montesquieu, filósofo francés que en su libro *El espíritu de las leyes* (1748) sugirió un modelo de tres poderes —legislativo, ejecutivo y judicial—; ninguno de ellos con preponderancia real o formal sobre los demás; y 2.º) en la tesis de Siéyès, que residenciaba la soberanía en la nación o, cuando menos, planteaba una soberanía compartida por la nación y el rey.

Este nuevo concepto de soberanía trajo consigo la limitación de los poderes abstractos del monarca, de tal suerte que al Parlamento iba a corresponderle la función legislativa; a los jueces, la judicial; y al rey, el poder ejecutivo. Siendo cierto que, en este modelo intermedio que representa la monarquía constitucional —o dual—, el monarca mantiene ciertas prerrogativas en el ámbito legislativo, también lo es que el rey, como el resto de poderes del Estado, somete su actividad a la Constitución.

La culminación de este proceso es la monarquía constitucional parlamentaria. De forma progresiva se impone el *principio democrático*: el Parlamento es ahora el órgano de representación de la soberanía nacional y el Gobierno resulta consecuencia directa de la voluntad mayoritaria de los ciudadanos, expresada en las urnas. El Poder Ejecutivo acomete su función con el apoyo exclusivo del Parlamento, ante el cual responde políticamente. Ajeno a las tareas de Gobierno, y sin competencia alguna sobre él, el rey reina, pero no gobierna, correspondiéndole el ejercicio de un poder moderador y arbitral.

No obstante, Álvarez Conde (2000: 16-17) matiza que conceptualizar al monarca como un poder moderador «implicaría el reconocimiento de la existencia de "poderes residuales"; algo impropio de una monarquía parlamentaria». Primero, porque «el monarca no forma parte de ninguno de los poderes del Estado, careciendo de cualquier poder de decisión política»; y segundo, porque la monarquía parlamentaria requiere para su legitimación el sometimiento al principio democrático, así como la defensa del mismo. Este autor tan solo reconoce un poder «de reserva» que, distinto a poder residual histórico alguno, el rey solo puede esgrimir cuando, en defensa —justamente— del principio democrático, sobrevenga «un anormal o imposible funcionamiento de los mecanismos gubernamentales».

La condición de «parlamentaria» caracteriza así el funcionamiento de las ocho monarquías hoy vigentes en Europa. Y fue la carta magna española de 1978 la que constitucionalizó la expresión, sin más precedente que la norma fundamental de Yugoslavia de 1921.

Las ocho monarquías mencionadas serían, por orden cronológico: Noruega, cuya Constitución fue promulgada en 1814; Bélgica, en 1831; Luxemburgo, 1868; Dinamarca, 1953; Suecia, 1974; España, 1978; Holanda, 1983; y el Reino Unido de Gran Bretaña e Irlanda, que, paradójicamente, se rige por una constitución de origen aún mayoritariamente consuetudinario. Junto a Israel, Nueva Zelanda o San Marino, entre otros, Reino Unido no tiene una carta escrita o «formal»; un texto único uniforme, sino una constitución «no codificada» o «material», cuyos fundamentos normativos esenciales se encuentran diseminados en leyes, sentencias judiciales y tratados, además de en fuentes no escritas como convenciones constitucionales parlamentarias (*Erskine May*) y prerrogativas reales. La Revolución de 1868 no proporcionó a Inglaterra un texto escrito, aunque sí un sistema de libertades jurídicamente regulado: un Estado de derecho y un régimen parlamentario. La monarquía parlamentaria nació así, tras «la Gloriosa», cuando se instauró un Parlamento que habría de controlar las funciones del rey y limitar sus excesos.

De entre todas, la española es la única de las constituciones vigentes que califica como «monarquía parlamentaria» la «forma política del Estado» (art. 1.3); definición que ha generado, por imprecisa, un amplio debate doctrinal.

La monarquía parlamentaria; o de la coexistencia del principio monárquico *con el* principio democrático, *sin contradicción en su ejercicio*

Desde que en 1848 Friedrich Julius Stahl distinguiera entre monarquía como 'forma de Estado' y monarquía como 'forma de gobierno', se ha identificado la forma 'de Estado' con el *principio monárquico* y la 'de gobierno' con el *principio democrático*. Tal diferenciación ha permitido poner en relación la forma de Estado con los períodos de vigencia de la monarquía absoluta —después limitada— y la de gobierno con la monarquía parlamentaria.

En el caso de la monarquía como forma de Estado, la titularidad de la soberanía —total o parcialmente— reside en el monarca, y su poder alcanza tal significación que afecta a la propia naturaleza del Estado. En la monarquía como forma de gobierno, sin embargo, el pueblo es el titular de la soberanía y la monarquía se convierte en un elemento secundario, relativo tan solo al modo en que ha de organizarse su gobierno.

Más allá del debate doctrinal, la diferencia observada alcanza una dimensión política que los constituyentes españoles quisieron sortear, evitando decantarse por la monarquía como forma de gobierno, opción en que, como hemos visto, la titularidad de la soberanía recae en el pueblo. Y así, los constituyentes optaron por una fórmula imprecisa atribuible a la intención de resaltar el papel del rey en el proceso de transición y también, por qué no decirlo, a los precedentes jurídicos inmediatos; concretamente al principio séptimo de la Ley de Principios del Movimiento Nacional de 1958, que determinaba: primero, que «el pueblo español [...] constituye el Estado Nacional», y segundo, que «su forma política es [...] la monarquía tradicional, católica, social y representativa».

Cierto es asimismo que la consideración de la monarquía parlamentaria como «forma política del Estado español» ha de entenderse desde un punto de vista exclusivamente figurado, y que en modo alguno altera la condición netamente democrática del sistema constitucional, fundado inequívocamente en el principio democrático.

DEBATE CONSTITUYENTE O DE LA «ABOLICIÓN DEL PRINCIPIO MONÁRQUICO»; O DEL NACIMIENTO DE LA «DEMOCRACIA CORONADA»; O «EL REY REINA, PERO NO GOBIERNA»

La monarquía objetiva la autoridad, culminándola en una sola persona. Pero no es, en absoluto, un poder personal; sino una forma de constituir y ordenar la vida política.

Suárez

Como «forma política del Estado español», la Constitución de 1978 consagra al tiempo una monarquía (art. 1.3) y un Estado «democrático» (art. 1.1); una combinación solo posible cuando el monarca carece de poderes propios. En suma, una monarquía «parlamentaria», en tanto —recordemos— única modalidad compatible con un régimen constitucional democrático.

Ciertamente, el rey parlamentario no tiene competencias de libre ejercicio, sino actos debidos. Y tal precepto general no contempla más excepción que el derecho a distribuir libremente la asignación que, en cada ejercicio, la ley de presupuestos destina al rey para «el sostenimiento de su Familia y Casa», así como el nombramiento «libre» de los miembros de su Casa, sean estos civiles o militares (art. 65 CE). Tal previsión presupuestaria, al igual que en las otras monarquías europeas, resulta «incontestable», recuerda la profesora Yolanda Gómez

(2008: 90-92): «La Corona es un órgano constitucional y como tal debe ser tratado y sostenido».

El evidente menoscabo de poder del rey, la merma de su *potestas,* se compensa no obstante con un proporcionado incremento de su *auctoritas,* de su capacidad de influencia política, inspirada en las funciones clásicas de animar, advertir y ser consultado. Contribuyen también a este reequilibrio las capacidades que despliega la Corona como institución de carácter simbólico y representativo. Son precisamente estos ajustes, no exentos de complicación, los que permiten la coexistencia del principio monárquico con el principio democrático, sin contradicción apreciable en su ejercicio. De ahí la posible armonía entre reino y democracia señalada por Aragón (2004: 23-24): «Postular la monarquía parlamentaria no supone, en absoluto, invalidar el principio democrático».

Otros autores, sin embargo, dieron por abolido el principio monárquico. Óscar Alzaga, portavoz en los debates constituyentes de la coalición UCD, señalando las monarquías europeas como el modelo a seguir, calificó la modalidad «parlamentaria» como el último eslabón de una larga evolución de las formas monárquicas de gobierno que ahora culminaba en las llamadas «democracias coronadas»; y consideró irrelevante el hecho de que el monarca estuviera presente en el Parlamento, como había apuntado con anterioridad, en la misma sesión parlamentaria, el diputado Laureano López Rodó. Alzaga distinguía así la monarquía parlamentaria de la constitucional, recordando que en esta última forma de gobierno el poder del rey quedaba «limitado por la coparticipación del Parlamento y por la implantación de una superlegalidad del monarca». De otro modo, tanto el rey como el Parlamento se necesitaban mutuamente para acometer determinados actos, por cuanto ninguno de ellos contaba con facultades suficientes como para imponerse al otro poder. Alzaga daba por «extinguido» el principio monárquico, y definía la versión parlamentaria como «aquella en que el rey tiene menos *potestas,* pero puede alcanzar el máximo de *auctoritas*».

La expresión *rex regnat et non gubernat* se atribuye a Jan Zamoyski, gran canciller de la Corona polaca, quien, en 1592, durante una sesión parlamentaria reprochó al rey Segismundo III su protagonismo político y le invitó a asumir el papel de rey sin inmiscuirse en asuntos de Estado. La versión francesa —*le roi n'administre pas, ne gouverne pas, il règne*—, muy posterior, tuvo como destinatario el rey Carlos X de Francia. La escribió en 1830 Adolphe Thiers en *Le National*, poco antes de que estallase la Revolución de 1830, que supuso la marcha del monarca y su relevo por «un rey elegido por el pueblo».

Entre nosotros, Pablo Lucas Verdú (1979: 9 y ss.; 1983: 239) considera de especial interés el título preliminar de la Constitución. Pero ¿qué quiso decir el constituyente al afirmar que «la forma política del Estado español es la monarquía parlamentaria» (art. 1.3)?

En los debates constituyentes, el senador por designación real Carlos Ollero manifestaba su disconformidad con la calificación de «parlamentaria», proponiendo como alternativa la expresión «monarquía constitucional democrática», a la cual se añadiría —en su caso— «con régimen parlamentario». Por su parte, el senador de UCD Antonio Jiménez Blanco calificó la monarquía parlamentaria como un concepto «nuevo»; una forma política donde:

> La Corona y su titular en cada momento, el rey, son elementos fundamentalmente simbólicos, desposeídos de atribuciones concretas para la conducción de la vida política del país y dotados sólo de un fondo último e inconcreto de poder que quizá actúa sólo en caso de gravísima crisis.

Consideraba que el proyecto sometido a informe era, «sin exageración», «el primer ejemplo de Constitución en el que, desde el origen, se intentaba configurar una monarquía parlamentaria a través de la norma escrita».

Calificar la monarquía parlamentaria de novedad conceptual probablemente fue un juicio desmedido. Manuel Aragón (2004: 1) considera la monarquía parlamentaria la «consecuencia de un largo proceso evolutivo experimentado en la historia constitucional del Reino Unido», pero en absoluto una forma política producida *ex novo*, y de forma «deliberada». Y Álvarez

Conde (2000: 15-17), al abordar las formas históricas de la monarquía, presenta la parlamentaria como una «consecuencia de la introducción y desarrollo de los principios democráticos».

Lejos de ser un concepto novedoso, la monarquía parlamentaria se habría alcanzado en España de manera gradual. En lo que sí resultó acertado y perspicaz el senador Jiménez Blanco fue en sus observaciones sobre la existencia de un «fondo último e inconcreto de poder que quizá actúa sólo en caso de gravísima crisis», describiendo anticipadamente el poder que años más tarde invocaría el rey don Juan Carlos para neutralizar el golpe de Estado del 23 de febrero de 1981.

También destaca de su intervención la referencia a la racionalización de la monarquía parlamentaria (Lucas Verdú, 1983: 242), que la doctrina ha explicado por lo siguiente:

> La inexistencia en España de aquellas prácticas y convenciones propias de las restantes monarquías parlamentarias que, en la medida en que existieron en nuestro país, perdieron su vigencia con el fin de la Restauración (en realidad, en 1923) y que, evidentemente, no pudieron desarrollarse en regímenes posteriores (López Guerra, 1982: 13-14).

La razón ha de buscarse en que las escasas convenciones existentes durante la Restauración comprendían un sistema parlamentario dualista, con reminiscencias evidentes del principio monárquico.

Luis Sánchez Agesta (1978: 2199 y ss.) advertía, no obstante, de los inconvenientes que conlleva la racionalización, en la medida en que resta a la monarquía parlamentaria «una de sus grandes virtudes, que es la flexibilidad en la relación y en el juego de poderes». Para este autor, el hecho de fijar en preceptos los caracteres de este régimen ha motivado «que no se contemplen prerrogativas cuyo olvido puede entorpecer gravemente el funcionamiento de las instituciones».

En esta misma línea, Martínez Sospedra (1980: 122) consideraba desmedida tal racionalización, porque el sistema parlamentario es escasamente racionalizable. Pero se aparta de la tesis de Sánchez Agesta, poniendo en duda la viabilidad de una monarquía constitucional al estilo nórdico, por considerar que en nuestro contexto político los pilares básicos del edificio constitucional son muy débiles o inexistentes. Apunta en este sentido tres razones:

1) La pervivencia de la tradición republicana en los partidos de izquierdas.
2) La interrupción de la tradición monárquica durante cuarenta y cinco años (los que suman la vigencia de las dos repúblicas y del franquismo después).
3) La debilidad de los partidos y la falta de sentimiento constitucional.

En definitiva, señala Lucas Verdú, el problema de la racionalización de la monarquía estriba en su racionalización-democratización, utilizando las técnicas de limitación del poder real, de modo que desaparezcan prácticamente todas sus potestades, sin reserva de poder. Es decir, trasladando el ejercicio efectivo de sus competencias a otros órganos constitucionales y convirtiendo al rey en un órgano constitucional desposeído de *potestas* aun reconociéndole su *auctoritas*.

Según José Pedro Pérez Llorca, diputado de la UCD, al margen de la historia y de los sentimientos, y del papel desempeñado durante la Transición, la institución monárquica ofrecía «ventajas desde un punto de vista estrictamente racional y analítico para la elaboración y funcionamiento de una Constitución democrática». En el mismo sentido, el diputado Miguel Herrero y Rodríguez de Miñón —también de la UCD— sostuvo la «legitimidad» de la monarquía a partir de la «racionalidad democrática».

FRANCIA, UNA REPÚBLICA FUNDADA POR MONÁRQUICOS

¿Cabe observar un paralelismo entre el proceso constituyente de la III República francesa y el proceso español de 1978? Afirma Lucas Verdú que en Francia se construyó una república como si de una monarquía se tratara; fundada por monárquicos, rodeada de instituciones monárquicas, si bien sobre la base de una constitución incompleta cuya revisión se reservaban para demolerla.

«La república se consideró como una prueba pasajera cuya utilidad serviría para demostrar experimentalmente la necesidad de la monarquía», decía La Pradelle (1912: 230). *Sensu contrario,* los republicanos españoles «toleraron» la monarquía «sin abandonar sus convicciones», sostiene Lucas Verdú, y así «rodearon al rey de instituciones republicanas que redujeron a la nada sus atribuciones, racionalizando la monarquía parlamentaria hasta aproximarla al modelo sueco».

Y UN REY SIN PODERES SALVÓ LA DEMOCRACIA

Pero la historia iba a deparar pronto una gran paradoja, de tal suerte que, el 23 de febrero de 1981, ese mismo rey, «con sus facultades reales tasadas y sometidas a refrendo, salvó la Constitución y la democracia» (Lucas Verdú, 1983: 245), coherente —continúa— con su función de *conditor republicae* (fundador de la República), en tanto «elemento de la Constitución sustancial (Corona y pluralismo político-social)».

Gabriel Cisneros, uno de los siete «padres» de la Constitución, apreció aquella intervención del monarca como verdadero paradigma de la garantía del «funcionamiento regular de las instituciones» que corresponde al rey, conforme al artículo 56 de la carta magna; considerando poco apropiado reducir los poderes del rey a un elenco de competencias concretas: «La alta autoridad moral, la majestad —decía Cisneros (2003: 27)— es un atributo inherente a la realeza, como portadora de la idea pura del Estado, que es una idea de libertad».

Influencia versus competencia, *auctoritas* versus *potestas*

El rey parlamentario se relaciona con todos los poderes del Estado, aunque no ejerce en puridad ninguno de ellos (Aragón, 2004: 11): sanciona las leyes aprobadas por el Legislativo, en el bien entendido que tal requisito de confirmación no lleva aparejado derecho de veto alguno; expide los decretos aprobados por el Ejecutivo en Consejo de Ministros, pero sin capacidad alguna de rehusar la firma, sea cual sea su criterio; nombra a los miembros de otros órganos constitucionales, aunque mencionados señalamientos son siempre «a propuesta» de otros poderes; y en su nombre se administra la justicia, obviamente de manera simbólica y no mediante actos jurídicos (art. 117.1 CE).

Los actos «de relación» del rey con el resto de órganos del Estado se detallan en los artículos 62 y 63 CE, y todas sus funciones, en su condición de jefe del Estado, se orientan a expresar el significado propio o genuino del órgano como «símbolo de la unidad y permanencia» del Estado mismo (Aragón, 2004: 11). Así se desprende del apartado primero del artículo 56:

> El Rey es el jefe del Estado, símbolo de su unidad y permanencia, arbitra y modera el funcionamiento regular de las instituciones, asume la más alta representación del Estado español en las relaciones internacionales, especialmente con las naciones de su comunidad histórica, y ejerce las funciones que le atribuyen expresamente la Constitución y las leyes.

El jefe del Estado desempeña esta función integral por una doble vía: político-jurídica y político-simbólica. La primera de ellas se desempeña a través de cauces perfectamente establecidos (competencia), mientras que la segunda —político-simbólica— opera a través de canales *informales*.

Ciertamente, cuando la Jefatura del Estado es monárquica, la competencia cede a favor de la influencia en proporción indeterminable. La Corona despliega así toda su efectividad por vía de procedimientos *informales*, a través de la *auctoritas* y no de la *potestas*, por medio —hemos reiterado— de la influencia y no de la competencia; es decir, en el ejercicio de las capacidades de animar, advertir y ser consultado, las propias de un rey parlamentario.

Dos casos concretos serían: 1) La tarea de arbitrar y moderar «el funcionamiento regular de las instituciones» (art. 56.1), que no se traduce en poderes *propios*, a diferencia de lo que sucedía tiempo atrás en la monarquía constitucional. En el modelo parlamentario es el Tribunal Constitucional el órgano responsable de ejercer la función de arbitraje jurídico-constitucional y la única excepción se refiere a la nominación de candidato a formar gobierno, cuya propuesta, de ayuna discrecionalidad, corresponde al rey (arts. 62d y 99). Y 2) La representación exterior del Estado, que tampoco se manifiesta exclusivamente a través de actuaciones *formalizadas*, como las que señala el artículo 63. La efectividad de la capacidad simbólico-representativa de la Corona en el ámbito de las relaciones internacionales resulta así especialmente eficiente.

El rey, poder constituido

En última instancia, la Constitución considera al rey poder *constituido*. Y la Corona así, como órgano constitucional que es, «carece de facultades al margen o por encima de la Constitución» (Aragón, 2004: 12). El rey solo ejercerá «las funciones que le atribuyen expresamente la Constitución y las leyes» (art. 56.1).

Tampoco le es aplicable la teoría de los *poderes implícitos*, de acuerdo con lo dispuesto en los artículos 1.2 y 66 de la carta magna, entre otros.

Proceso de racionalización de la monarquía española

La monarquía parlamentaria se ha asentado en Europa a través de usos y convenciones constitucionales, bien porque no se contaba con una carta escrita —como ocurre en el caso británico—, bien porque las normas constitucionales mantenían poderes propios de otras épocas.

A diferencia del resto de constituciones del entorno europeo, la española regula con claridad el papel del jefe del Estado. Se trata así de una monarquía parlamentaria «racionalizada». Y es la propia Constitución la que adopta los caracteres de esta forma de gobierno, con un nivel de detalle que no observan siquiera las constituciones más modernas, caso de la danesa, de 1953, o la sueca, de 1974.

Resulta innegable, no obstante, la influencia que sobre el constituyente español ejerció la experiencia de estos países en el momento de racionalizar la monarquía, como también la aportación que, a la hora de establecer las funciones del rey, supusieron modelos republicanos como el francés de 1958 o el italiano de 1947.

Monarquía y soberanía

«La soberanía nacional reside en el pueblo español, del que emanan los poderes del Estado» establece el artículo 1.2 de la Constitución de 1978, resolviendo así, de manera categórica, las dudas que hubieran podido surgir en cuanto al sujeto de soberanía se refiere.

La vigente Constitución racionaliza la monarquía parlamentaria muy especialmente al atribuir la soberanía al pueblo español, superando así el *principio monárquico*, evitando una soberanía compartida entre el monarca y las Cortes y, en consecuencia, proclamando el *principio democrático* como pilar esencial del régimen constitucional.

Como consecuencia de este precepto, el monarca abandona su condición de *soberano* para convertirse en titular de un órgano más del Estado y, como tal, sometido en su actuación a lo que disponga el ordenamiento jurídico-constitucional. Y así, las funciones *tasadas* del monarca se limitan a aquellas que, de acuerdo con el artículo 56, «le atribuyen expresamente la Constitución y las leyes».

Sobre este asunto, el profesor Pérez Royo, partiendo de la consideración de la monarquía como una «anomalía histórica», reconoce su corrección por el Estado constitucional, mediante su «sometimiento [...] de una manera peculiar a ese axioma del constitucionalismo democrático, según el cual, todo poder procede del pueblo».

El rey, poder neutral y moderador

Caracteriza a la monarquía parlamentaria la independencia del Poder Ejecutivo respecto del rey, como también la existencia de un poder moderador diferenciado de los otros poderes del Estado, y cuyo ejercicio —este sí— corresponde al monarca.

El pensador político, activista y escritor suizo-francés Benjamin Constant (1970: 18-19), en su obra *Principios de política*, establece la esencia de ese poder neutral que ha de ser el poder moderador. Define el poder «real» como un poder «neutral», aclarando que por poder «real» ha de entenderse el del jefe del Estado, «cualquiera que sea su título». Empieza por distinguir el poder «ministerial» del poder «real», argumentando que «el solo hecho de que el monarca sea inviolable y los ministros responsables pone de manifiesto esta separación». Y afirma:

> El Poder Ejecutivo, el Poder Legislativo y el Poder Judicial son tres resortes que deben cooperar, cada uno en su esfera, al movimiento general; pero, cuando descompuestos, se entrecruzan, chocan y se traban, se necesita una fuerza que los ponga de nuevo en su sitio. Tal fuerza no puede residir en uno de los resortes en particular, porque se serviría de ella para destruir a los demás. Es preciso que esté situada fuera y que sea, en alguna medida, neutral, a fin de que su acción se aplique en cuantos puntos se requiera y lo haga con un criterio preservador, no hostil. La monarquía constitucional tiene ese poder neutral en la persona del jefe del Estado.

Esta expresión de Constant —necesitada de una oportuna contextualización, por cuanto el autor francés la formuló en una situación histórica muy diferente— ayuda a entender el poder moderador que atribuye al monarca la Constitución de 1978. De la doctrina de Constant se desprende: 1.º) que no corresponde al rey inmiscuirse en la lucha política, debiendo permanecer *au-dessus de la mêlée*; 2.º) que el monarca no cuenta con poderes propios, excepción hecha de aquellos que dimanan del encargo de «moderar el funcionamiento regular de las instituciones» (art. 56.1 CE); y 3.º) que, dada la naturaleza del poder moderador, corresponde al rey una función de relación con los otros poderes del Estado.

El rey, tan «solo» un órgano del Estado

La Constitución de 1978 se desmarca de la tradición al nombrar su título II «De la Corona», que no «Del Rey». Los constituyentes interrumpieron deliberadamente esa costumbre, en sintonía con la naturaleza jurídica que la Constitución iba a otorgar a la nueva monarquía, diversa ciertamente de la tradicional.

EL DERECHO COMPARADO, ¿FUENTE DE INSPIRACIÓN?

La monarquía constitucional fue el resultado de una larga evolución, no exenta de procesos revolucionarios, primero en Gran Bretaña, en los siglos XVII y XVIII, y después en Europa, en el siglo XIX.

Tales revoluciones transformaron «la configuración del poder soberano» y situaron «el Parlamento junto al rey», redefiniendo al titular de la Corona como, «solamente», un órgano del Estado (Vergottini, 1985: 707) (Papell, 1980). En este nuevo estadio constitucional, el rey no se identifica ya con el Estado, algo propio del absolutismo, sino que se presenta como un órgano más, sujeto, como el resto, a la disciplina de la Constitución.

No obstante, la institución monárquica en Gran Bretaña experimentó una evolución diferente a la que se observó en Europa. Gracias a ese proceso privativo que presenta el constitucionalismo británico, el término Corona arroja aún en Gran Bretaña dos significados diversos: el primero, general y predominante, vendría a asimilar Corona (Crown) con lo que en el derecho continental se entiende por Estado; y el segundo muestra la Corona como uno de los poderes que integran la estructura constitucional (García Pelayo, 1968).

En los países continentales, sin embargo, la Corona vino a significar no tanto la dimensión personal del monarca como su alta dignidad, haciendo compatible la persona del rey con la institución. También se utilizó el término en referencia al Poder Ejecutivo —entendiendo por tal el rey y sus ministros—, aunque en la práctica solo el Gobierno desempeña esa función, de la que da cuenta al Parlamento y no al rey.

Los diferentes sentidos o acepciones fueron contemplados por nuestros constituyentes, si bien el término Corona adquirió finalmente un sentido propio y peculiar. Explica De Esteban (2010) en el artículo «Las funciones del Rey» que, en cierta medida:

> [...] forzada por la herencia franquista [...], la solución fue la de una monarquía parlamentaria en la que el rey tendría tres tipos de funciones: *simbólicas y representativas*; *arbitrales y moderadoras*; y *mediadoras*, reconocidas estas últimas de manera implícita en la carta magna.

No se trata de poderes, sino de funciones, «casi todas ellas tasadas», explica. Y su alcance dependerá de dos elementos: la permanencia de la institución y el prestigio social que adquiera cada monarca. La salud de la democracia dependerá tanto de la división de poderes (legislativo, ejecutivo y judicial, fundamentalmente) como de la limitación temporal del poderoso, de su mandato, algo impensable en las autocracias o dictaduras. Precisamente, la única salvedad admisible de no limitación temporal es la monarquía parlamentaria, en la que «el rey es vitalicio, pero no posee un auténtico poder, sino únicamente determinadas funciones».

A este modelo pertenecen las monarquías europeas, entre ellas la española, que va camino de su quincuagésimo cumpleaños y podría durar muchos más, en tanto se demuestra que «se trata de una institución útil, y que mientras lo sea durará».

En cuanto a las funciones simbólicas o representativas, el rey es el jefe del Estado y representa a España de forma permanente. Todas «las figuras políticas son transitorias» y a veces desconocidas en el exterior, «pero todo el mundo conoce al Rey de España a causa de su permanencia». Esta permanencia es un factor decisivo en todo lo que se refiere a la política exterior, convirtiéndose así el rey en un superministro de Asuntos Exteriores por encima de los partidos (González-Trevijano, 2005).

Respecto de las funciones arbitrales y moderadoras del artículo 62, y que requieren el refrendo correspondiente del presidente del Gobierno, de un ministro o del presidente del Congreso de los Diputados, consisten en «coadyuvar de forma solemne con su firma o presencia en los actos de Estado, generalmente decididos por otros». Dentro de estas funciones arbitrales y moderadoras, reguladas al detalle, se incluye la llamada «función de reserva» que el rey puede adoptar, como ocurrió el 23 de febrero de 1981, «en circunstancias excepcionales, por iniciativa personal —explica De Esteban— y siempre en defensa de la Constitución, que él mismo debe cumplir».

Las funciones mediadoras, por su parte, derivan de la naturaleza de su magistratura «no política», en tanto que representante de toda la sociedad. En tal sentido, «no puede ser un hombre de partido o incluso un mero gobernante, sino que debe ser un referente de la sociedad».

De esta manera, el rey debe recibir, escuchar y aconsejar a representantes de todos los estamentos sociales, conocer de primera mano lo que acontece en su país, consciente siempre de que, en tanto que «inviolable», y teniendo en consecuencia su libertad de expresión limitada, no puede verbalizar exactamente su pensamiento, sino «lo que crea que se debe escuchar». Como ejemplos de esta función mediadora se pueden señalar los discursos de Navidad (Ventero, 2011), las intervenciones en ceremonias oficiales o las audiencias a representantes de la sociedad.

A diferencia de los problemas derivados del permanente conflicto autonómico (título VIII de la Constitución), la solución arbitrada por el constituyente para la forma de Estado bien podría ser una medida perdurable. Porque, aun resultando paradójico, en espera de una ocurrente solución que pueda contentar a todos, la mejor forma de mantener unidos a los diferentes territorios pasaría por mantener la Corona, pues «la proclamación de una república podría incitar a la fragmentación de la misma en varias más» (De Esteban, 2010).

Llegados a este punto, se entiende que un hispanista haya definido a la España actual como «una monarquía compuesta que cobija a 17 repúblicas». Es decir:

> Una monarquía al uso de la mayor parte de las monarquías europeas de la Edad Moderna, especialmente las de los siglos XVI y XVII, caracterizada por el hecho de constituir un conjunto de Reinos, Estados y Señoríos, bajo un mismo monarca, pero manteniendo su identidad institucional y legal (Castaño, 2020: 588).

LA CORONA EN LA CONSTITUCIÓN DE 1978 NO ES EJECUTIVO NI LEGISLATIVO

Como hemos visto, la Constitución de 1978 otorga a la expresión «Corona» un significado diferente a cuantos ejemplos arroja el derecho comparado, pero también al sentido expresado en textos precedentes del constitucionalismo español, que asimilaban los términos Corona, trono y monarquía; conceptos que remitían —todos— al Poder Ejecutivo, cuyo titular siempre era el rey. En tres de ellas, las de 1834, 1845 y 1876, se sumaba el Poder Legislativo, derivado de una soberanía compartida con las Cortes. Toda alusión a la Corona debía predicarse de su titular, que encarnaba «uno de los poderes clásicos del Estado, además de los elementos simbólicos que comportaba dicha titularidad». (Esteban y González-Trevijano, 1994: 48).

Por el contrario, nunca fueron equiparados por el constitucionalismo español las voces Corona y Estado, como tampoco han sido asimilados por la tradición los términos Corona y reino; expresión esta última que se utiliza en todos los textos como semejante a Estado.

En España, el empleo dado al término Corona —con las dos acepciones apuntadas— se acercaba al uso predominante en los textos europeos. Hoy, lejos de confundirse con el titular de uno de los poderes del Estado, la Corona se concibe como un órgano institucionalizado del Estado, a cuyo titular —el rey— la Constitución presenta como un poder moderador al que se atribuyen funciones propias, que lo diferencian del resto de poderes del Estado.

En consecuencia, la consideración de la Corona como un órgano (más) del Estado requiere de su titular un ejercicio exacto de «las funciones que le atribuyen expresamente la Constitución y las leyes». Más allá de la figura del rey, la condición de «institución», de órgano institucionalizado que caracteriza a la Corona, requiere una detallada ordenación de asuntos o contingencias que trascienden a su titular, incluida su propia sucesión. Y, además, lo relativo a la Casa del Rey, la familia real, la regencia, la tutela regia, el estatus del príncipe heredero, etc.

El rey, titular de la Corona

La Corona es un órgano institucional y plural del Estado, cuyo titular es el rey, y a él corresponde el papel de jefe del Estado. El artículo 56 de la Constitución dispone en su apartado segundo que «su título es el de Rey de España».

Al establecer que el titular de la Corona es «Rey de España», se está afirmando también: primero, que la Corona es una magistratura concebida por la Constitución de 1978; y, segundo, que España es la «unidad política primera y fundamental» (De Esteban y González-Trevijano, 1994: 74), con independencia de que, ulteriormente, se hayan estimado las hoy conocidas comunidades autónomas.

Encierra, asimismo, este precepto (art. 56) una remisión preconstitucional, cuando a continuación dispone que el rey «podrá utilizar los demás [títulos] que correspondan a la Corona», y así, por orden alfabético: «Rey de los Algarves, de Algeciras, de Aragón, de Castilla, de Cerdeña, de Córcega, de Córdoba, de Galicia, de Gibraltar, de Granada, de las Indias Orientales y Occidentales, de las Indias y tierras firmes del mar océano, de las Islas Canarias, de Jaén, de Jerusalén, de León, de Mallorca y de Menorca, de Murcia, de Navarra, de las dos Sicilias, de Toledo y de Valencia; Archiduque de Austria, Duque de Borgoña, de Bravante y de Milán, de Ausburgo, de Flandes, de Barcelona y del Tirol, y Señor de Vizcaya y de Molina; además de Soberano del Toisón de Oro, Gran Maestre de las Órdenes de Calatrava, Santiago, Alcántara y Montesa; y Majestad Católica».

Fue voluntad del constituyente incidir en el carácter de reinstauración propio de nuestra monarquía. «La Corona no es un órgano del Estado creado *ex novo* por la Constitución, como puede ser el Tribunal Constitucional o el Consejo General del Poder Judicial», dicen De Esteban y González-Trevijano (1994: 74). De otro modo, al igual que la nación, la Corona tenía una existencia preconstitucional (Pérez Serrano, 1984: 291).

JURAMENTO DEL REY; O «GUARDAR Y HACER GUARDAR LA CONSTITUCIÓN Y LAS LEYES», SIEMPRE DESDE LA *AUCTORITAS*

El príncipe heredero puede convertirse en rey «de derecho» antes de alcanzar la mayoría de edad, pero solo superándola podrá jurar su cargo y ser proclamado ante las Cortes Generales rey «de hecho».

El juramento real es una tradición secular de la monarquía hispánica, solo interrumpida en los períodos absolutistas. La jura es el acto más importante de la proclamación y compromete al heredero a «desempeñar fielmente sus funciones, guardar y hacer guardar la Constitución y las leyes, y respetar los derechos de los ciudadanos y de las Comunidades Autónomas» (art. 61.1).

El planteamiento original contemplaba un doble compromiso de fidelidad que iba del rey hacia sus súbditos y de los súbditos hacia su rey, sustanciándose así el pacto tradicional entre el pueblo y su rey. Pero desde la Constitución de 1812 se abandona la fórmula «pactista» del doble juramento a favor de una única expresión de compromiso: la del rey, de «guardar y hacer guardar la Constitución y las leyes» (art. 61.1).

En cuanto al protocolo del acto, hasta el rey Alfonso XIII, la tradición establecía la jura del príncipe heredero con la mano derecha sobre los Evangelios; una expresión religiosa derivada del concepto divino del poder y de la confesionalidad del Estado. Pero las circunstancias que rodearon el acceso al trono de Juan Carlos I fueron excepcionales; y así, don Juan Carlos fue proclamado rey de España el 22 de noviembre de 1975, jurando las leyes fundamentales del Movimiento, de acuerdo con la normativa vigente. Tres años más tarde, aprobada la Constitución de 1978 en referéndum por el pueblo español, don Juan Carlos se limitó a promulgarla, repitiéndose, un siglo después, la actuación de su antecesor en el trono, Alfonso XII, al promover el proceso constituyente que culminó en la Constitución de 1876.

En cuanto al contenido del juramento (art. 61.1 CE), proceden dos aclaraciones: 1.ª) La Constitución establece que el rey debe «desempeñar fielmente sus funciones», de lo cual puede inferirse que corresponde al rey un haz de competencias tasadas y no cabe por su parte actuación diferente de aquella que señalen la Constitución y las leyes; y 2.ª) El rey jura «hacer guardar la Constitución y las leyes», si bien la interpretación de este mandato ha de hacerse en el contexto del poder moderador que le es propio. No en vano, la Constitución señala con claridad las dos instancias de poder a las que se encomienda la custodia efectiva de mencionada tarea, que son el Ejecutivo y el Tribunal Constitucional. Y así, por aclarar también:

1.º) La defensa del ordenamiento constitucional que el artículo 8 de la Constitución confía a las Fuerzas Armadas es tarea del Ejecutivo y no del rey. Pese a la letra del artículo 62h («corresponde al Rey: [...] El mando supremo de las Fuerzas Armadas»), es el Gobierno quien dirige la política militar.
2.º) El examen de la constitucionalidad de las leyes es competencia del Tribunal Constitucional.

En suma, el mandato de «hacer guardar la Constitución» que la carta magna encomienda al rey se explica en el ámbito de «su *auctoritas* y de su derecho a "animar o aconsejar", funciones sugeridas por Walter Bagehot. Más aún, habida «cuenta [de] que el rey es "irresponsable" y que sus actos —todos— precisan de refrendo gubernamental, «tal función no puede tener efectos jurídicos, sino exclusivamente morales y ejemplarizantes» (De Esteban y González-Trevijano, 1994: 76).

LA LEGITIMACIÓN DE LOS MONARCAS: UN PACTO ENTRE EL PUEBLO Y EL REY

La ceremonia de la proclamación es propia de las monarquías electivas, en las que el rey accedía al trono por elección de sus más notables súbditos, en el curso de una ceremonia en la que se le aclamaba o proclamaba. Pese a convertirse con los años en hereditaria, los reinos de Castilla y de León mantuvieron la ceremonia de la proclamación —se diría— con un incipiente e intuitivo sentido democrático. A través de ella, el reino reconocía a su rey. Así se practicó en la Corona de Castilla hasta el siglo XVI, ignorándose durante la época de nuestro constitucionalismo monárquico del siglo XIX (García de Valdeavellano, 1992).

La Constitución de 1978 opta por la proclamación de los reyes, retomando la tradición pactista, inspirada en la concepción de que la legitimación de los monarcas, lejos de ser de naturaleza divina, «se conforma en torno a un pacto tácito entre pueblo y rey» (Cervera, 2019). La figura de la proclamación se recupera, no obstante, en el franquismo, con la Ley de Sucesión de 1947, que instaura una monarquía «electiva» (art. 7) sujeta a la decisión personal del jefe del Estado. En aplicación de esa norma, el 22 de noviembre de 1975, el presidente de las Cortes españolas y del Consejo de Regencia, Alejandro Rodríguez de Valcárcel y Nebreda, dirigiéndose al entonces «príncipe de España» —en terminología del régimen— hizo uso de la siguiente fórmula: «En nombre de las Cortes españolas y del Consejo del Reino, manifestamos a la Nación española que queda proclamado Rey de España Don Juan Carlos de Borbón y Borbón, que reinará con el nombre de Don Juan Carlos I». Esta norma determinó que el constituyente, en lugar de la *coronación*, propia de otras monarquías, apostara por la proclamación, que debería hacerse *ante* las Cortes Generales y no *por ellas*, sin exigencia de pronunciamiento formal de las mismas.

Precisemos no obstante que, en razón del carácter sucesorio de la monarquía, el rey ostenta un *ius ad officium* desde el momento en que se produce el hecho sucesorio; es decir, *ope constitutionis*, un «derecho subjetivo constitucional directo», aplicable «por la única y exclusiva fuerza del texto constitucional», «sin necesidad de que las leyes o normas de desarrollo constitucional u otro rango delimiten, concreten o definan su ejercicio». Desde ese momento, el rey es rey *de hecho*, actuando en su nombre otra u otras personas, si es menor de edad. Para convertirse en rey *de derecho* son necesarios dos protocolos adicionales: el *juramento* y la *proclamación*, que convierten el *ius ad officium* en un verdadero *ius in officium*.

Sobre los actuales reyes constitucionales, decía Paolo Biscaretti di Ruffìa (1965: 236) que «ostentan solo los poderes que les transmite la Constitución en cuanto jefes de Estado y asumen el trono por un derecho público subjetivo específico de carácter individual (*ius ad officium*) basado en el ordenamiento positivo».

Por último, no habiendo señalado la Constitución plazo alguno para la proclamación del monarca a partir del hecho sucesorio, la prudencia aconseja que esta se celebre a la mayor brevedad posible, en el ánimo de evitar la inestabilidad propia de una situación de vacancia. Especialmente desaconsejable sería, por razones evidentes, la coincidencia con la disolución de las Cámaras, en espera de la celebración de un proceso electoral.

LA POSICIÓN DEL REY

El artículo 56.3 de la Constitución de 1978 determina que «la persona del rey es inviolable y no está sujeta a responsabilidad», prerrogativas ambas que se predican de su propia naturaleza. Los mencionados privilegios y exenciones conforman el estatus del rey que, considerado un poder moderador de carácter perpetuo, presenta un perfil visiblemente diferente del resto de órganos del Estado.

La noción secular de rey como *legibus solutus* de origen divino no desapareció en su totalidad con la monarquía constitucional. En aquel modelo, si bien el rey queda sujeto a la norma fundamental, continúa vigente el origen *divino* de su poder.

Así consta en la primera constitución monárquica, la francesa de 1791, cuyo artículo 2.º disponía que «la persona del rey es inviolable y sagrada». Y, en consecuencia, cualquier agresión que pudiera perpetrarse contra el monarca sería considerada un sacrilegio.

Tal orientación se adoptó también en nuestro constitucionalismo y, salvo la democrática Constitución de 1869, todas las demás, incluida la de 1876, afirmaron la cualidad «sagrada» de la persona del rey. La de 1978 no contempla tal condición sacra, pero mantiene la *doble prerrogativa* regia de la *inviolabilidad* y la *irresponsabilidad*, presente siempre en las constituciones monárquicas españolas.

LA CONDICIÓN DE INVIOLABILIDAD Y LA LESA MAJESTAD

El concepto de *inviolabilidad* opera en dos planos: uno exterior, por cuanto el rey, dada su condición de jefe de Estado, se encuentra protegido fuera del territorio nacional por las leyes y convenciones internacionales; y otro de carácter interno, que le otorga inmunidad frente a las leyes civiles o penales. La especial protección de la vida y del honor del rey ha de interpretarse como un legado del secular delito de lesa majestad (*laesa maiestas* o *laesae maiestatis*). La inviolabilidad del monarca, siempre unida a su irresponsabilidad, «significa —decía ya Kelsen (1979: 225)— una mayor protección jurídica de la vida, salud y propiedad del mismo, mediante la imposición de penas más severas contra quienes las ataquen». Hasta pasada la Edad Media, el concepto Estado se confundía con la persona del rey, y el delito político abarcaba, de modo indefinido, todo acto hostil contra el Estado.

Autores como Gimbernat (1983) consideraron hoy esta protección un exceso y planteaban el caso extremo de un hipotético homicidio que, cometido por un rey, no se podría sancionar. A efectos de neutralizar supuestos como el aludido, se habría redactado el artículo 59.2, que contempla la inhabilitación del monarca y el inmediato y subsiguiente ejercicio de la regencia del príncipe heredero, previo reconocimiento por las Cortes Generales de la imposibilidad del «ejercicio de su autoridad».

Otros autores consideran que tal prerrogativa de *inviolabilidad* impide la emisión pública de opiniones sobre la persona del rey, posición que parece contraria a la libertad de expresión reconocida en el artículo 20 de la Constitución, de acuerdo con el cual el rey podrá ser blanco de críticas, al igual que el resto de poderes del Estado.

El mismo artículo 56.3, que orienta el concepto de *inviolabilidad* a proteger la actuación del rey en tanto que persona privada, plantea la prerrogativa de la *irresponsabilidad* del monarca como una exención de responsabilidad jurídica o política en su actuación como jefe del Estado. De este modo, siendo el rey símbolo de la unidad y permanencia del Estado de forma vitalicia, la Constitución le exime de posibles responsabilidades en que pudiera incurrir derivadas del desempeño de su cargo.

No obstante, resultaría extravagante concluir que el monarca no habrá de responder ante instancia alguna, aun cuando su actuación llegara a provocar graves consecuencias o efectos de difícil reparación. La solución a este debate doctrinal viene dada de la mano del instituto del refrendo, regulado en los artículos 56.3 y 64. El rey es, de este modo, irresponsable en su actuación como jefe del Estado, por cuanto nunca actúa solo y siempre responde alguien de las medidas que puedan ser equivocadas (González-Trevijano, 1998, con prólogo de Sabino Fernández Campo).

El refrendo o «el rey tiene el deber, y no el derecho, de ejercer sus funciones» (Juan I)

La monarquía parlamentaria que consagra y conceptúa la Constitución de 1978 no contempla para el rey «poderes jurídicos de libre ejercicio, sino competencias de ejercicio obligatorio» (Aragón, 2004: 23). La merma de poder de la Corona es tan evidente como cierta su influencia política a través de las funciones clásicas de *animar*, *advertir* y, para ello, *ser consultado*, amén de sus capacidades como institución de carácter simbólico y representativo.

La Constitución plantea la figura del refrendo como la necesidad de que, en todos los actos de Estado en que se requiera la intervención del rey, conste, junto a la firma del monarca, la contrafirma de una persona responsable, que además se obliga a vigilar su ejecución. Y así, caracterizada la monarquía parlamentaria por la irresponsabilidad política del jefe del Estado, se precisa que el presidente del Gobierno y sus ministros, responsables ante el Parlamento, se endosen la responsabilidad de los actos del monarca. Todo ello sin perjuicio de que, con el concepto actual de refrendo, el rey deba ser continua y convenientemente informado, circunstancia que precisa su participación en los actos propios del resto de poderes del Estado.

EL REFRENDO FRANCÉS O LA FICCIÓN DE LA IRRESPONSABILIDAD

De origen francés y naturaleza rigurosamente monárquica, su empleo en los regímenes republicanos responde a un propósito distinto.

Durante el absolutismo, el rey era ajeno a cualquier limitación de funciones; en él residía la soberanía y, consiguientemente, su irresponsabilidad era, en justa proporción, absoluta.

En 1789, la Revolución francesa, y el principio de separación de poderes que de ella se deriva, supuso una muy diferente distribución de tareas en los órganos del Estado, consistente en confiar la titularidad de cada una de ellas a un órgano distinto. Así, la competencia del monarca —hasta entonces, *legibus solutus*— quedó limitada al poder ejecutivo, campo en el que ejercía su función, nombrando y cesando a sus ministros, según su criterio.

En esta fase limitada o constitucional, el rey mantenía su condición «sagrada» y, con ella, la característica de la inviolabilidad. Por este motivo, la doctrina construyó la ficción de la irresponsabilidad, de forma tal que los ministros, al estampar su firma junto a la del rey, asumían la responsabilidad de sus actos. La Constitución francesa de 1791, por la que Francia quedaba configurada como una monarquía constitucional, mantuvo incólume el poder ejecutivo del rey, pero ya era «otro» quien respondía de sus actos: el sujeto que los refrendaba. El texto dispone en la sección IV, capítulo II, artículo 4 que «no se ejecutará ninguna orden del rey si no ha sido firmada por él y refrendada por el ministro o el responsable del departamento»; y continúa en el artículo 5:

> Los ministros son responsables de cualquier delito que cometan contra la seguridad nacional y la Constitución; de cualquier atentado que cometan contra la libertad y la propiedad individuales; de cualquier dispendio de los dineros destinados a los gastos del departamento.

En lo que concierne a España, a lo largo de la historia han sido sujetos refrendantes: el secretario de despacho respectivo

(Constitución de 1812); el presidente del Consejo de Ministros (1834); el ministro correspondiente (1837, 1845, 1869 y 1876); el presidente del Gobierno, ministro correspondiente o presidente del Consejo del Reino (LOE de 1967); y el presidente del Gobierno, ministro correspondiente o, en su caso, presidente del Congreso, desde 1978.

Excepción hecha de la vigente de 1978, en todas y cada una de las constituciones monárquicas de la historia de España (1812, 1834, 1837, 1845, 1869 y 1876), así como en la Ley Orgánica del Estado de 1967, durante el franquismo, el refrendo tuvo como objetivo exonerar de toda responsabilidad al rey, persona «inviolable y sagrada», tanto si era él exclusivamente el autor de la decisión como si se trataba de una decisión compartida con el Gobierno, convirtiéndose este último, «a través del ministro refrendante», en «el único responsable jurídica y políticamente» (De Esteban y González-Trevijano, 1994: 82).

Ya en el último tramo de la monarquía constitucional, el refrendo se concebía como un acto «complejo» en el que se conciliaban dos voluntades: la del rey y la del sujeto refrendante. Esta forma de entender la institución se adoptó también en la Constitución de la Segunda República, que dio origen a un régimen semipresidencialista en el que el Poder Ejecutivo era compartido por el presidente de la República y el Gobierno de la nación. No en vano, el artículo 84 consideraba «nulos y sin fuerza alguna de obligar los actos y mandatos del presidente que no estuvieran avalados por un ministro». Al mismo tiempo, disponía este precepto que los ministros refrendantes asumirían la «plena responsabilidad política y civil» de los actos o mandatos del presidente de la República, participando de «la criminal que de ellos pueda derivarse».

A la luz de este artículo puede concluirse que la interpretación que la Constitución republicana de 1931 hacía del refrendo se asemejaba a la que operó en la monarquía constitucional en su último período, de tal forma que concurrían expresas la voluntad del presidente de la República y la del sujeto refrendante: el ministro competente. Otra cosa es la justificación que pueda buscarse a la aplicación del refrendo en los regímenes republicanos, práctica que De Esteban llega a calificar de «aberración» (1994: 83). Ciertamente, la necesidad de validar los actos del rey encuentra explicación en su irresponsabilidad; mientras que en el modelo republicano, y pese al obligado refrendo de los actos presidenciales, el jefe del Estado es «política y criminalmente responsable» (arts. 81, 82 y 85 de la Constitución de 1931). De Esteban atribuía este uso singular del refrendo, este «error constitucional», a la naturaleza «mixta» de la Segunda República española, que no fue plenamente presidencialista ni tampoco exactamente parlamentaria.

EL REFRENDO EN LA CONSTITUCIÓN DE 1978; O SIN LA FIRMA DEL REY, NO HAY LEY, NI DECRETO, NI TRATADO

El refrendo operaba en la monarquía constitucional como una doble garantía, limitando el poder del monarca, al tiempo que, conservando como legado del Antiguo Régimen el privilegio de la irresponsabilidad.

En la modalidad parlamentaria, sin embargo, la irresponsabilidad del rey se justifica: 1.º) en el hecho de situar en la cúspide del Estado a una persona que, al tiempo que lo representa, se comporta como «símbolo de su unidad y permanencia»; y 2.º) en la circunstancia de que el rey traslada la responsabilidad de sus actos —todos ellos refrendados— al sujeto refrendante, que habrá de responder de las actuaciones de aquel ante las Cámaras.

Siendo este el sentido que ofrece la Constitución de 1978, no cabe entender el refrendo como un acto complejo que precisa de un concurso de voluntades del refrendado y del refrendante —habitualmente un ministro—, sino, bien al contrario, deducir que en los actos del rey no se observa más que una única voluntad, mayoritariamente del Gobierno, y solo en contadas ocasiones del rey.

Consideremos el refrendo, en cualquier caso, como un acto debido, tanto para el refrendante como para el refrendado, sin el cual no son válidos los actos del jefe del Estado. Habida cuenta de que, en la mayoría de los supuestos, los actos del rey no responden a su voluntad, la razón de su firma ha de buscarse en su condición de símbolo de la unidad y permanencia del Estado, así como en la necesidad de que el llamado poder moderador participe simbólicamente en los actos de Estado, junto a los otros poderes.

Pero que los actos del rey se consideren actos debidos no vacía de contenido la figura del monarca. Véase especialmente la potestad de proponer candidato a formar Gobierno; o la trascendencia de la función política que de su *auctoritas* se desprende y la capacidad de integración social y política que despliega la Corona; como también su intervención sobre las leyes aprobadas por el Parlamento, que es indefectible. En palabras de Manuel Aragón (2004: 23), «sin la firma del rey, no hay ley, ni decreto, ni tratado». El hecho de que el rey esté obligado a firmar no es sino un presupuesto básico de la monarquía parlamentaria, democrática en tanto en cuanto el poder legislativo corresponde, por mandato de la Constitución, a las Cortes Generales (art. 66).

OBJETO DE REFRENDO

Las actuales constituciones monárquicas no conservan sino ligeros recuerdos de lo que representó la actuación de los reyes en las monarquías limitadas, en las que el soberano ejercía determinados poderes sin obligación de refrendo. El paso del tiempo ha ido consolidando una limitación progresiva de las potestades regias. Y así, la práctica totalidad de las constituciones vigentes muestran, como principio general, la sujeción a refrendo de los actos del jefe del Estado.

Ejemplo de la desaparición de estos privilegios es la Constitución de 1978, que consagra una monarquía parlamentaria en la que solo se muestran, ajenos al refrendo, actos puntuales del ámbito «más privado». Y aún sobre estas pocas exenciones recaen serias dudas sobre su «conveniencia política» (González-Trevijano, 1998: 165). Lo cierto es que la

Constitución proclama la irresponsabilidad del rey (art. 56.3) y señala después que «sus actos estarán siempre refrendados en la forma establecida en el artículo 64, careciendo de validez sin dicho refrendo, salvo lo dispuesto en el artículo 65.2». De este precepto puede inferirse que todos y cada uno de los actos del rey en su calidad de jefe del Estado serán objeto de aval o conformidad; y que a este aserto general solo cabe la excepción referida a sus actos privados y «personalísimos», incluso aunque tengan relevancia constitucional, como son su consentimiento matrimonial o la designación testamentaria del tutor del rey menor de edad. También resulta ajena al refrendo la administración de los fondos consagrados en los presupuestos generales del Estado (art. 65.1), si bien es cierto que es el jefe de la Casa Real —y no el rey— quien lleva a cabo esta tarea. Y el artículo 65.2 —prosigue— establece la libertad de que «el rey nombra y releva libremente a los miembros civiles y militares de su Casa» (Cazorla Prieto y Fernández-Fontecha, 2021).

La competencia real está así exenta de refrendo (art. 56.3 *in fine*). No obstante, parte de la doctrina considera que, reconocida la irresponsabilidad del monarca, también los actos de nombramiento y cese de los miembros civiles y militares de la Casa deberían ser refrendados. De Esteban (1994: 85) explicó esta excepción a través de las normas «constitucionales inconstitucionales» de la doctrina alemana; preceptos que, incluidos en la Constitución, contradicen, ciertamente, tanto el espíritu de la norma como alguno de sus artículos. De este modo, si todos los actos del rey, en su función de jefe del Estado, deben ser refrendados como consecuencia de su irresponsabilidad, la designación de los miembros de su Casa habría de quedar cubierta igualmente por el instituto del refrendo, evitando así los riesgos derivados de una desatinada elección.

Al margen de la discusión doctrinal, no obstante —y, tal vez, en evitación de ella—, desde 1993, los relevos del personal de la Casa se practican a través de la figura del real decreto, quedando así la voluntad del rey refrendada por el presidente del Gobierno.

POSICIONES DOCTRINALES

La especificación expresa de actos sujetos a refrendo no es práctica habitual en las constituciones actuales, y la excepción a este marco general que aporta la norma fundamental portuguesa, de 25 de abril de 1976, no permite una extrapolación rigurosa por tratarse de una constitución republicana.

Entre los actos que sí precisan refrendo, López Guerra (2001: 30-31) distingue, de un lado, aquellos cuyo contenido no viene determinado por la voluntad del sujeto refrendante —a quien, consiguientemente, «no se le pueden imputar moralmente»—; y, de otro, aquellos en los que el refrendo expresa la voluntad concurrente del refrendante respecto del contenido del acto.

Por su parte, Martínez Sospedra (1980: 128-129) diferencia entre el refrendo que comporta una traslación de responsabilidad al Gobierno y aquel cuyo propósito queda limitado a corroborar la conformidad constitucional del acto regio, además de comprobar su autenticidad. Y en esta misma línea, Sánchez Agesta (1980: 204) se plantea la existencia de un refrendo «de certificación o ritual, junto al tradicional refrendo de responsabilidad».

En otra clave, Fernández-Fontecha y Pérez de Armiñán relacionan el refrendo con la existencia de «poderes implícitos, de prerrogativa; poderes de reserva, o reserva de poderes en la persona del jefe del Estado». Poderes, por otro lado, no coherentes con una monarquía parlamentaria como la española, con competencias tasadas. Otra cosa es —dice Torres del Moral (1985: 43 y ss.)— que «la autoridad e influencia de la institución pueda ser muy útil a la hora de resolver situaciones políticas delicadas».

Finalmente, Aparicio (1983: 82), negando poder de reserva alguno en un sistema parlamentario, afirma que las «situaciones de anormalidad constitucional están contempladas y previstas en la propia Constitución, y el ignorar sus disposiciones al respecto acarrearía la vulneración del sistema constitucional mismo».

ACTOS SUJETOS A REFRENDO

Con el paso del tiempo, la actuación de la monarquía se ha visto abocada a una «limitación formal y material» a través de la contrafirma de otro órgano, explica García Canales (1977: 256), de tal forma que el número de actos del jefe del Estado exceptuados de refrendo ha ido menguando progresivamente hasta que, sobrevenido el parlamentarismo, la dispensa de refrendo ha desaparecido casi por completo en las monarquías y resulta escasa y puntual en las formas republicanas.

Los textos constitucionales establecen, por regla general, una premisa universal de refrendo para, a continuación, señalar un exiguo listado de excepciones. Y así, cuando la casuística desborda las previsiones constitucionales, tales contingencias se han de resolver «según los principios generales con arreglo a los cuales se ha estructurado cada régimen político».

En resumen, actos sujetos a refrendo serían el nombramiento del Gobierno y de los altos cargos del Estado, la convocatoria y disolución del Legislativo, la sanción de las leyes, el mando del Ejército y el derecho de gracia, así como los mensajes y manifestaciones públicas del jefe del Estado.

Respecto del Poder Ejecutivo, destacan: la expedición de decretos, el nombramiento y separación de los altos cargos y funcionarios de la Administración Pública, así como de los miembros del Ejecutivo, el mando supremo de las Fuerzas Armadas y la dirección de la política exterior del Estado (González-Trevijano, 1998: 178-192).

Operando como principio general el refrendo de los actos del monarca, en lo que a los mensajes se refiere, partimos del criterio imperante en la doctrina clásica francesa. En ese sentido, Barthélémy y Duez (1914) precisan que estos mensajes remitidos a las cámaras legislativas no solo habrían de ser refrendados, sino también leídos por un ministro en la tribuna.

Dentro de la doctrina española, más allá de los mensajes al Parlamento, García Canales (1977: 269) distingue entre actos con y sin proyección jurídica; y, a partir de esta taxonomía, entre mensajes con y sin trascendencia jurídica:

1) Actos solemnes no normativos con trascendencia jurídica.

Los actos del jefe del Estado se caracterizan por su solemnidad y trascendencia normativa, en tanto constituyen habitual fuente de derecho. En ocasiones, no obstante, su actividad se ciñe al ámbito político; actuando bien como canal de comunicación de los restantes órganos del Estado, bien como promotor de la actividad de estos órganos.

A diferencia de los mensajes dirigidos a la nación o al Parlamento, no pueden calificarse de solemnes las declaraciones de opinión que pueda realizar el jefe de Estado a un medio de comunicación, independientemente de la repercusión política que puedan suscitar esas manifestaciones. En ese grupo de actos sin consecuencias jurídicas se encuentran las resoluciones no normativas que implican una toma de posición motivada; las comunicaciones escritas con otros órganos del Estado; las comunicaciones que, como jefe de Estado, con carácter personal y oficial a un tiempo, mantiene con otras personalidades de dentro o fuera del país; y, finalmente, los mensajes.

García Canales (1977: 270) advierte aquí del tratamiento singular que distingue a los regímenes presidencialistas de los parlamentarios, de esa forma: A) En los regímenes *presidencialistas*, el refrendo tiene una función mayoritariamente autentificadora y certificante, por cuanto corresponde al jefe del Estado un desempeño cierto de las tareas de Gobierno. Y así, los mensajes del presidente a las Cámaras suelen ser «expresión de la programación legislativa que, en el caso de ser transmitidos por los medios de comunicación, obtendrán un seguimiento proporcional al carisma particular del presidente en cuestión» (González-Trevijano, 1998: 198). Ciertamente, las intervenciones o comparecencias de un presidente en un medio de comunicación no alcanzan «el carisma y la apariencia cuasi religiosa que suelen revestir la de un monarca o, en menor medida, un presidente parlamentario, que permanecen alejados y árbitros de la lucha política». B) En los regímenes *parlamentarios*, las actuaciones públicas del jefe del Estado se caracterizan por su mayor formalidad y menor frecuencia. Sus actos responden a las pautas marcadas por la Constitución

—caso del acto solemne de apertura de las Cámaras parlamentarias, de los discursos de la Corona, del derecho de veto legislativo, las renuncias o las abdicaciones—, y también, con el transcurso del tiempo, a la costumbre (discurso anual a la nación en solemnidades y conmemoraciones nacionales, salutación a otros jefes de Estado extranjeros, audiencias, recepciones, visitas, etc.). Los mensajes responden así, en los regímenes *parlamentarios*, a un planteamiento más arbitral y de coordinación entre las instituciones del Estado. Y así, los mensajes a las Cámaras, singularmente formalistas y solemnes, son verbalizados por el propio monarca, en el contexto propio del programa de Gobierno; mientras que, en el resto de los casos, es un ministro del Gobierno quien habitualmente procede a su lectura. Ocurre en el caso de los vetos legislativos, la disolución de las Cámaras, renuncias y abdicaciones, entre otros, cuya lectura corresponde a un ministro, de tal forma que el contenido del documento, previamente refrendado, recibe un segundo respaldo ministerial. De este modo, el Gobierno se erige en el cauce ordinario de relación entre el jefe del Estado y la Cámara parlamentaria. En un régimen parlamentario, precisa Tedeschi (1945: 471), el refrendo expresa formalmente una «necesaria colaboración y limitación material recíproca de voluntades del jefe del Estado y del Gobierno, con tendencia al predominio efectivo de éste». La iniciativa surge —salvo excepción— del Ejecutivo, que espera del jefe del Estado una actitud receptiva y colaboradora. Hasta el punto de que, una disposición diferente, que entrara en conflicto con el programa del Gobierno, obligaría al Ejecutivo a dimitir de su cargo y situaría al jefe del Estado en una posición de vulnerabilidad, necesitada de un respaldo urgente y vigoroso de las Cortes y —llegado el momento— del cuerpo electoral.

García Canales (1977: 271) pone de manifiesto:

> la creencia generalizada, o la convención constitucional [...] de entender que todo cuanto el jefe del Estado dice en su condición de primer mandatario del país, o escribe en sus cartas, mensajes, telegramas, etc., es realizado, en principio, con la asistencia de persona responsable.

Asistencia que se materializa con la presencia física del jefe del Gobierno o del ministro competente. Y así resulta habitual la designación del denominado 'ministro de jornada', encargado de acompañar al rey o al presidente de la República en sus actos públicos. Tedeschi (1945: 427) afirma en este punto que «la colaboración ministerial se manifiesta por una asistencia personal o por una autorización expresa o tácita». En consecuencia, toda actuación del jefe del Estado sobre la que no medie reproche alguno del Gobierno habrá de considerarse refrendada; y, como tal, sujeta a la responsabilidad del Ejecutivo, a quien se confía, además, la vigilancia de su cumplimiento.

En la misma línea (1977: 272), señala la violencia que se deriva de negar al jefe del Estado su capacidad de expresión, su libertad para manifestar sus opiniones «cuando tiene constitucionalmente bajo su custodia tanto la Constitución como la vida próspera de su pueblo», y evoca la célebre interrogante formulada por un joven Alfonso XIII a su preceptor, Santamaría de Paredes: «¿Y qué he de hacer cuando, en conciencia, la observancia de la Constitución se oponga a mis deberes para con España?». En este sentido, Tedeschi (473-474) es partidario de un derecho de expresión de ejercicio limitado, y afirma que una hipotética confrontación con el jefe del Gobierno impediría al jefe del Estado en tal medida que lo reduciría a la categoría de simple «marco constitucional». Propone este autor una posición de equilibrio, un ejercicio restringido del derecho de expresión que permita «el juego del sistema parlamentario». Para terminar, siendo cierto que todos los actos del jefe del Estado son nulos sin refrendo, también lo es que, cuando sobre las opiniones del jefe del Estado no recae desaprobación alguna por parte del Ejecutivo, tales juicios adquieren la condición de criterio oficial del Gobierno. Otra cosa es la manifestación pública de hipotéticas diferencias de opinión entre la Jefatura del Estado y el Gobierno o el Parlamento que, si bien Orbán considera no han de suponer necesariamente una «ruptura» (García Canales, 1977: 273, nota 59), conducen a la opinión pública inexorablemente a una toma de posición que debilitará al Ejecutivo y, sin duda, también, al rey.

2) Actos del jefe del Estado sin trascendencia jurídica.

Entre ellos, los mensajes relacionados con el protocolo, con su presencia física en determinados actos o planteados como manifestaciones de opinión. Se observa su reconocimiento en algunas constituciones de nuestro entorno, como la francesa de 1958 (art. 18), la portuguesa de 1976 (art. 136d), la italiana de 1947 (art. 87), la griega de 1975 (art. 44.3) y la de Irlanda de 1931 (art. 13).

Pese a su falta de reconocimiento expreso, los mensajes del jefe del Estado encuentran encaje constitucional en la función arbitral que le encomienda el artículo 56.1. Se trataría así de *actos interconstitucionales* que facultan al rey para «expresar su parecer en el ejercicio de sus funciones y disfrutar, en consecuencia, de un poder que la doctrina italiana califica de "exteriorización"; consustancial, de otra parte, a todos los sujetos públicos» (González-Trevijano, 1989: 198). Sería el caso, por ejemplo, de los discursos que preceden el inicio de la legislatura. La mayor parte de estos mensajes tendrán un carácter ceremonial o estarán relacionados con la representación exterior encomendada al monarca de acuerdo con sus funciones simbólica y representativa. Destaca, no obstante, la existencia de discursos y mensajes «contestados» como, por ejemplo, el pronunciado por don Juan Carlos ante el Consejo Atlántico, sede de la OTAN, en Bruselas, el 26 de abril de 1996.

ACTOS AJENOS AL REFRENDO

Conocida la norma general de refrendo de los actos del jefe del Estado, abordamos a continuación aquellas actuaciones que, por razones diversas, no precisan de ese aval inicialmente previsto, distinguiendo entre actos de significación jurídico-pública y jurídico-privada.

No es práctica inusual en el constitucionalismo histórico la regulación de los actos del jefe del Estado exentos de refrendo. En el derecho comparado, destacan hoy las constituciones de Italia (1947), Alemania (1949) y Francia (1958).

En el caso de la italiana, la doctrina excluye de refrendo, entre otros actos:

> Las comunicaciones, las declaraciones de voluntad, de juicio y de sentimiento del presidente sin tener que recurrir a los mensajes formales del artículo 87.2 de la Constitución, los mensajes celebrados en eventos de carácter ritual o solemne; pero, a diferencia de los relativos al artículo 87.2, de reducida relevancia política y las comunicaciones remitidas por el presidente a los ministros, en lo que tienen de meras relaciones internas entre órganos del Estado (González-Trevijano, 1989: 216).

En la Constitución francesa de 1958 (art. 19) escapan al refrendo del presidente de la República, entre otros actos, «la remisión de mensajes a las Cámaras».

ACTOS DE SIGNIFICACIÓN JURÍDICO-PRIVADA

En la monarquía parlamentaria no existen, en principio, otros actos eximidos de refrendo que los *actos privados*; criterio manifiestamente visible en las constituciones europeas —Noruega, 1814; Luxemburgo, 1868; Dinamarca, 1953; Holanda, 1983; y Bélgica, 1994— sin otra excepción que la Constitución de Suecia (1974), que no obliga al rey a respaldar las resoluciones del Ejecutivo. Reformada en 1974, permite al Gobierno «ordenar por decreto (*genom förordning*) que un funcionario tenga facultad para firmar determinadas actuaciones en casos especiales».

En el ámbito español, no existe más referencia normativa que el artículo 65, donde puede leerse que «1. El Rey recibe de los Presupuestos del Estado una cantidad global para el sostenimiento de su familia y Casa, y distribuye libremente la misma. 2. El Rey nombra y releva libremente a los miembros civiles y militares de su Casa».

Al margen de las suspicacias que puedan plantearse en cuanto a su calificación de actos privados del jefe del Estado, pues no lo son, lo cierto es que el gobierno interno de la real Casa es, en palabras de Díez-Picazo (1982: 128), «el último residuo que queda al rey de las ilimitadas potestades de un monarca absoluto».

SUJETOS REFRENDANTES

La Constitución de 1978 señala en su artículo 64.1 como sujetos refrendantes de los actos del rey al presidente del Gobierno, los ministros competentes y, en algunos supuestos concretos, el presidente del Congreso. No admite la Constitución otros sujetos diferentes a los tres apuntados. Sirva de ejemplo la pretensión en los años ochenta del Partido Nacionalista Vasco de que fuera el presidente del Parlamento vasco quien refrendara el nombramiento del presidente del Gobierno regional, iniciativa que rechazó el Tribunal Constitucional indicando que tal refrendo correspondía al presidente del Gobierno de la nación y no al presidente de la *Lehendakaritza* (SSTC 5 y 8/1987).

Con carácter general, el refrendo corresponde al presidente del Ejecutivo, encargado de validar las leyes, los reales decretos y los nombramientos de los altos cargos del Estado firmados por el rey. Lo hará, además, en cuantas ocasiones puedan suscitarse dudas en relación con la persona en quien habría de recaer la competencia.

Sujetos refrendantes son, asimismo, los ministros «competentes», entendiendo por tales los titulares del departamento a quien corresponda, por razón de materia. Si bien podrían ser varios los ministros llamados a refrendar la actuación del monarca, cuando el acto afecta a dos o más departamentos; no procede, sin embargo, el refrendo de todo el Gobierno, como tampoco el de un miembro del Ejecutivo de rango inferior. Sirva de ejemplo el de un secretario de Estado, pese a su consideración de pertenencia orgánica al Ejecutivo.

Por último, la Constitución encarga al presidente del Congreso validar los actos del rey en tres casos muy especiales: la propuesta de candidato a presidente del Gobierno (art. 99.1); su nombramiento como presidente del Ejecutivo (art. 99.3); y, por último, la disolución de las Cortes y la subsiguiente convocatoria de elecciones (art. 99.5). Sirva de ejemplo cómo, en 1982, el presidente del Congreso refrendó el cese del presidente del Gobierno, circunstancia que no ha vuelto a repetirse. Desde entonces, el presidente saliente refrenda su propio cese.

Pero, más allá del refrendo *expreso*, que se materializa en la firma del sujeto refrendante, la doctrina ha elaborado diferentes formulaciones que otorgan cobertura constitucional a cuantas eventualidades puedan derivarse del ejercicio de las funciones del monarca y resultan ajenas al ámbito de aplicación de los refrendos expresos (González-Trevijano, 1989: 240).

Pérez Serrano (1976: 732) recuerda que todo acto del jefe del Estado precisa de refrendo, y advierte de que, tanto «si pronuncia un discurso, recibe a un embajador o deja de convocar unas elecciones, de todas las acciones del monarca responde el ministro, bien mediante su presencia en las ceremonias, bien por no haber formalizado su dimisión».

También Barthélémy y Duez (1914: 812) insiste en que las acciones del jefe del Estado han de ser sin excepción refrendadas. No solo aquellas que se manifiestan de forma expresa y que gozan de valor jurídico, sino también aquellas de evidente trascendencia y repercusión, como son los mensajes y discursos, las manifestaciones de opinión, las cartas o el mando del Ejército.

El francés Hauriou (1927: 149), sin embargo, considera oportuna la limitación del refrendo a los actos escritos y con valor jurídico, así como a los decretos, tratados y mensajes dirigidos a las Cámaras; pero aparta de esa lista los discursos pronunciados en ceremonias oficiales, extendiendo a estas manifestaciones la consideración que se atribuye al ministerio público: «La pluma es sierva, pero la palabra es libre».

TIPOS DE REFRENDO

La doctrina ha propuesto varias taxonomías. Unas distinguen entre refrendo *expreso* —el que se satisface mediante la firma— y refrendo *supuesto* —por el que el sujeto refrendante asume la actuación del jefe del Estado al no presentar, como prueba de su disconformidad, su dimisión—; otras, entre refrendo *escrito* y *no escrito*; y, finalmente, la ordenación más frecuente, aquella que diferencia entre refrendos *expresos*, *tácitos* y *presuntos*.

Siendo estas clasificaciones las más habituales, una parte de la literatura española ha formulado taxonomías diversas sobre las modalidades de refrendo reseñadas. Es el caso de José Manuel Vera (1998: 341), en referencia a los llamados refrendos «simétricos» y «asimétricos», atendiendo no ya a la manera o forma de expresión del mismo (expreso, tácito o presunto), sino a «los elementos de iniciativa y decisión que conforman el contenido material del acto a refrendar».

Fernández-Fontecha y Pérez de Armiñán acuñan una formulación bajo la siguiente premisa:

> La declaración expresa no se limita a la expresión oral o escrita, sino también a los signos o acciones positivas u omisiones, cuando estas últimas contribuyan a la aclaración de una cierta intención de voluntad, concretamente la de explicitar un acto volitivo específico.

Y así, el refrendo *expreso* incluiría el refrendo *escrito*, pero también toda actuación que manifieste una «voluntad de forma patente, inequívoca e indubitada». De este modo, bajo la denominación de refrendo *expreso* se incluirían aquellos que la doctrina denomina refrendos *implícitos*. Por el contrario, las declaraciones *tácitas* serían, en sentido estricto, aquellas en las que se ejecutan actos que, sin tener por objetivo directo exteriorizar una voluntad, permiten presumir esta de una forma fundada. En este contexto, un segundo grupo de refrendos englobaría a los llamados *tácitos/presuntos*, cuya característica no permite conocer con certeza si el sujeto refrendante ha brindado su respaldo a la intervención del jefe del Estado.

Por su parte, De Esteban presenta una ordenación más novedosa, que distingue entre refrendo *expreso* —que es el común—, *tácito* y *presunto*. Basado en la consideración del refrendo como un *acto debido*, no cabe, en principio, oposición alguna por parte de los sujetos intervinientes. De tal modo que, si uno de ellos rehusara la firma, faltando así a su compromiso, no restaría otra actuación subsiguiente que la dimisión del órgano refrendante.

Refrendo expreso

El *expreso* es el refrendo ordinario, el más común de los tres tipos apuntados. Este modelo se materializa por escrito, yuxtaponiendo a la firma del monarca la contrafirma del sujeto refrendante, y así consta en el *Boletín Oficial del Estado*, «su instrumento de expresión». Es consecuencia de una voluntad única, y solo en ocasiones puntuales se admite el concurso de una segunda voluntad que, «en ningún caso, posee un carácter determinante» (De Esteban y González-Trevijano, 1994: 86). Sirvan de ejemplo de esta modalidad de refrendo la sanción de una ley o la firma de un decreto.

Se distinguen, a partir de estas premisas, tres tipos de refrendo *expreso*, según sea la voluntad unilateral que da lugar al acto que exige la firma del rey y la contrafirma del sujeto refrendante:

1) Refrendo *derivado*. A diferencia del refrendo característico de las monarquías constitucionales, en este supuesto es el refrendante quien inicia el proceso. No estamos ante un acto de voluntad del rey, sino ante el ánimo exclusivo del refrendante. De ahí su calificación de *derivado*, por cuanto el promotor del acto es precisamente quien lo refrenda. Es el caso, por ejemplo, de los reales decretos.
2) Refrendo *traslaticio*. Cuando el acto es voluntad de una tercera instancia, de forma tal que ninguno de los órganos actuantes —ni el refrendado ni el refrendante— intervienen en la confección y aprobación del acto. Es el caso de las leyes aprobadas por el Parlamento o del nombramiento de los magistrados del Tribunal Constitucional elegidos por las Cortes o de los vocales del Consejo General del Poder Judicial.
3) Refrendo *originario*. A diferencia de los anteriores, coincide totalmente con el refrendo característico de la monarquía constitucional, en que la voluntad unilateral del monarca decidía exclusivamente el acto. De este modo, el refrendante avalaba el acto regio asumiendo la

> responsabilidad de un acto del que no había participado. Tal refrendo originario —vestigio de los poderes propios de un rey constitucional— se materializa «en el nombramiento de los cargos civiles y militares de la Casa del Rey, en algún supuesto de la propuesta a candidato del presidente del Gobierno, en la prohibición de matrimonios regios y en la concesión de ciertos títulos y honores».

Elemento común a los tres supuestos es la no intervención del refrendante en la confección del acto, que es voluntad exclusiva del monarca.

Refrendo tácito: los mensajes del jefe del Estado. El ministro de jornada

Siendo el rey irresponsable en todos sus actos, se hace preceptiva la compañía de un miembro del Gobierno que responda por él, incluso en los actos no propiamente jurídicos. Y así, en virtud de la actividad que desempeñe, será un ministro u otro quien acompañe al monarca en sus actividades oficiales.

Esta modalidad de refrendo —también llamado *simbólico*, *material* o *implícito*— afecta a los actos que no son susceptibles de recibir, por su propia naturaleza, la debida contrafirma del sujeto refrendante. Lo explica González-Trevijano (1998) en referencia a la vida pública del jefe del Estado, especialmente en su vertiente institucional, en actos tales como discursos, mensajes, alocuciones, audiencias, recepción de embajadores, viajes oficiales dentro del país o al extranjero, o en su actuación como jefe supremo de las Fuerzas Armadas, entre otros. A estos efectos, es habitual la asistencia del «ministro de jornada»; del ministro de Asuntos Exteriores, en sus viajes y en la presentación de credenciales de un embajador o representante diplomático de un Estado extranjero; y del ministro de Defensa, en las relaciones del monarca con los mandos militares (Herrero de Miñón, 1996: 69-71).

Meridianamente clara resulta a este respecto la Constitución del Reino de los Serbios, Croatas y Eslovenos, de 28 de junio de 1921, «el intento más ambicioso de extender el manto del refrendo a la práctica totalidad de la acción del Jefe del Estado», dice González-Trevijano (1998: 243). Y así disponía su artículo 54:

> Ningún acto del poder real es válido y ejecutorio si no lleva el refrendo del ministro competente. El ministro competente responde de todos los actos del rey, orales o escritos, que lleven o no su firma, así como de todas sus acciones de carácter político.

Aclaremos, no obstante, que la asistencia del ministro no implica, necesariamente, su colaboración en la formación del acto regio, que es, en ocasiones, voluntad exclusiva del monarca. Ejemplo de lo anterior resultan los mensajes de Alfonso XIII en Córdoba el 23 de mayo de 1921 y el discurso del rey Juan Carlos en la Pascua Militar en enero de 1981; o, en el ámbito del derecho comparado, la no comparecencia del rey Balduino I en el entierro del rey Jorge VI (Alzaga, 2007: 474).

COBERTURA A LOS MENSAJES DEL JEFE DEL ESTADO

Llegados a este punto, nos detenemos en la expresión más notable de los refrendos *tácitos*, aquella destinada a dar cobertura a los mensajes del jefe del Estado. De este asunto se ha ocupado especialmente la literatura francesa e italiana, aunque las categorías estudiadas no son por completo extrapolables a nuestro régimen constitucional.

En el caso italiano, la doctrina defiende la necesidad de matizar los dictados de la ley con la evolución de los acontecimientos. Y así, conscientes siempre del principio general de refrendo de los actos del presidente de la República (art. 89.1), no puede negarse su presencia continuada en los medios de comunicación, a través de entrevistas y declaraciones, circunstancia que nos remite a la figura del refrendo *tácito* o *material*, llevado a término gracias a la asistencia de uno o más ministros en los discursos presidenciales (González-Trevijano, 1998: 244). Llaman la atención, no obstante, las comparecencias sistemáticas del presidente en los medios de comunicación, realizadas «sin que el Gabinete se halle presente, o sin que haya expresado, ni siquiera mínimamente, su parecer al respecto». Otra corriente de la doctrina exonera determinados actos: Bozzini califica de innecesario el refrendo de aquellos actos del presidente que «son una pura y simple emanación del pensamiento, que no producen efectos jurídicos»; en esa misma línea, Chimenti propone una serie de supuestos de exoneración de refrendo de algunos mensajes del jefe del Estado; y De Carli exime los llamados «mensajes de circunstancia», es decir, aquellos que «no inciden en ningún aspecto de la vida pública del país».

En el caso de Francia, la actividad del jefe del Estado se ha visto ampliada en mayor medida; y también en Estados Unidos, donde hoy existe un *derecho de mensaje.*

Constituciones como la de Portugal (art. 82) y Panamá (art. 143) promulgadas en 1935 y 1946, respectivamente, han apartado expresamente de la obligación del refrendo los mensajes del jefe del Estado.

Por lo que respecta al derecho español, algunos autores, como Herrero de Miñón, han defendido la no sumisión a refrendo de los mensajes en determinadas circunstancias. De cualquier forma, aunque la aceptación de los refrendos *tácitos* es el criterio sustentado por la mayoría de la doctrina, no han faltado algunas voces que han negado su existencia. Estos son los casos, por ejemplo, de González Navarro (1977: 335, 336 y 340), al hilo del comentario del artículo 8 de la Ley Orgánica del Estado de 1967; y de Freixes Sanjuán (1991: 98), al estimar que la naturaleza reglada de la monarquía impide su reconocimiento. Se entiende así que el refrendo moderno cristaliza en una expresión material, que no es otra que la firma del sujeto refrendante. Sin embargo, su admisión o no en nuestro derecho requiere un examen más pormenorizado.

Previsto el derecho de mensaje, tanto en el proyecto de la Unión de Centro Democrático (UCD) como en el borrador de la ponencia, su ordenación desapareció en el *iter* constituyente. Sin embargo, la práctica constitucional española revela una muestra diversa y abundante de mensajes, que cabe ordenar en tres grandes categorías:

- Grandes discursos anuales del jefe del Estado: Pascua Militar, inauguración del año judicial y Pascua de Navidad.
- Discursos pronunciados ante las Cortes Generales, desde el de sanción de la propia Constitución el 27 de diciembre de 1978.
- Discursos con ocasión de inauguraciones, ceremonias, viajes, visitas, etc.

En cuanto a su contenido, en todos ellos ha sido costumbre la puesta en conocimiento al presidente del Gobierno. Así lo reconocía el propio rey Juan Carlos en el libro de José Luis de Vilallonga, *El Rey. Conversaciones con D. Juan Carlos I de España*, publicado en 1993 (247-248).

Frente a tales mensajes, la doctrina se ha expresado de diferente manera. Herrero de Miñón (1984: 59-62), entre otros, preconiza la existencia en nuestro ordenamiento jurídico de un derecho de mensaje regio, admitido por los constituyentes y santificado por la práctica constitucional, en cuanto que «expresión solemne del criterio político del jefe del Estado» (Maestre, 1964: 397). Dicha noción, que parte de su concepción de la existencia de poderes autónomos del jefe del Estado, como explicitación de una instancia arbitral, permitiría los mensajes sin refrendo. En este sentido, apuntarían el discurso pronunciado por el rey el 4 de febrero de 1981, el mensaje de apertura de la II Legislatura el 28 de octubre de 1982, así como otros en los que resultó materialmente imposible su refrendo: caso de los mensajes de 23 y 24 de febrero de 1981.

Frente a estos postulados, Tenorio y Gonzalo (2001: 627-640) descartan la existencia de un poder arbitral que exima de refrendo los discursos y mensajes del rey; concepción que parece más acorde con la definición que la Constitución de 1978 hace de la propia Jefatura del Estado y, en concreto, de los poderes y competencias del rey.

Por último, se consideran igualmente avalados mediante la modalidad del refrendo *presunto* aquellos actos a los que no alcanza el refrendo expreso o tácito. Tal es el caso de hipotéticas entrevistas que pueda conceder el rey a los medios de comunicación, declaraciones que pueda efectuar o discursos que decida pronunciar. Los mensajes de Navidad entran de pleno en este tercer supuesto. El Gobierno extenderá sobre ellos su cobertura, de forma presunta.

La falta de conocimiento o aprobación expresa de estos actos no exime de refrendo al Ejecutivo, que viene obligado a asumirlos y a responder de ellos. En un régimen de monarquía parlamentaria, cualquier otra interpretación podría llegar a forzar la dimisión del presidente del Gobierno. Cáceres Crosa (1934) acuña el término de refrendo *tácito*, que se sustancia en la no dimisión del ministro. Su permanencia en el cargo lleva consigo su conformidad con el acto oral del jefe del Estado, así como la asunción de la responsabilidad que de ello pueda derivarse.

Resulta obligado en este punto recordar que los mensajes emitidos por el jefe del Estado los días 23 y 24 de febrero de 1981, ordenando la vuelta a la normalidad de las instituciones, en defensa del orden constitucional, se explican desde la virtualidad del refrendo *presunto*. De tal forma que las irregularidades formales remitieron tan pronto como cesó la situación de excepcionalidad derivada del secuestro de las instituciones a las que corresponde el refrendo de las acciones del rey.

Se hace obligado señalar, no obstante, el riesgo que acompaña a este tipo de formulaciones. Siguiendo a González-Trevijano (1998: 248), hemos de distinguir entre: 1) entrevistas que el rey pueda conceder sin conocimiento del Gobierno y que versen sobre su ámbito más íntimo y familiar, y 2) entrevistas de las que dimana un cariz netamente político. Las primeras no precisan de refrendo, dada su condición de actos personalísimos. Las segundas requieren, indubitadamente, un refrendo *tácito* o *simultáneo*, por cuanto «el rey, en ningún caso, puede plantear al Gobierno hechos políticos consumados».

Torres del Moral deduce la existencia de esta modalidad de refrendo de la actuación del sujeto refrendante, o de su pasividad y abstención. Fernández-Fontecha y Pérez de Armiñán (301), por su parte, consideran inadmisible esta tesis, que reduciría la técnica del refrendo a una suerte de «silencio administrativo positivo». Una formulación semejante —afirman estos autores— daría al monarca la oportunidad de actuar «únicamente apoyado en la indecisión, timidez o simplemente ignorancia de un ministro o del presidente del Gobierno», dejando al libre parecer del rey la praxis del refrendo.

También García Canales (1995: 270-273) advierte del peligro derivado de una concepción poco reflexiva de esta modalidad de refrendo, que lleve a la conclusión de que la permanencia en el cargo del ministro competente es sinónimo necesario de aceptación de las acciones del jefe del Estado. Contribuyen ciertamente a la reflexión las llamadas a la prudencia formuladas por Tedeschi y Orbán, que evocan la humillante posición del ministro Juan de la Cierva, frente a la disertación en Córdoba, el 23 de mayo de 1921, del rey Alfonso XIII.

En suma, el refrendo *presunto* se proyecta sobre aquellos actos del rey a los que no alcanza el refrendo *expreso* y tampoco el *tácito*, siendo así igualmente amparados por el Gobierno.

De este modo, el hecho de que el Ejecutivo ignore o no aplauda las entrevistas, las declaraciones o los discursos del rey en absoluto lo disculpan de cara a su validación, habida cuenta de la operatividad del refrendo presunto. Y así, excepto que sobrevenga, acto seguido, la puesta a disposición de su cargo, el presidente del Gobierno hará suyos los actos del rey, y responderá de ellos, en tanto que principio inexcusable en toda monarquía parlamentaria.

Para finalizar, se aprecia:

> Una presunción *iuris tantum* de refrendo de los actos del jefe del Estado, tanto en los que éste participa activamente, como en aquellos de los que se abstiene; incluso cuando este instituto no sea constitucionalmente requerido de manera expresa, así como en aquellas actividades que no se han reglado por el ordenamiento jurídico (González-Trevijano, 1989: 251).

Pongamos de manifiesto también la excepcionalidad que, en la práctica política, resulta la dimisión del sujeto refrendante; singularidad que se explica al reparar en las repercusiones de una crisis semejante. Entre ellas, una posible abdicación, la inhabilitación o, tal vez, el cambio de la forma de gobierno, previa modificación de la Constitución. Esta es la consideración de autores como Porras Ramírez, en contra de la estimación de Fernández Campo (1995: 129), quien exime del requisito del refrendo determinados mensajes, singularmente los mensajes de Pascua Militar y de Navidad. Argumenta este autor que los mensajes mencionados se someten, no obstante, «a un cambio previo de puntos de vista que matiza y condiciona las declaraciones totalmente independientes y personales».

Sucinta crónica de la monarquía parlamentaria; o vamos a sentar las bases de un entendimiento duradero bajo el imperio de la ley

MUERTE DE FRANCO Y PROCLAMACIÓN DE DON JUAN CARLOS

El 3 de julio de 1976 el rey nombró jefe del Gobierno a Adolfo Suárez González, en sustitución de Carlos Arias Navarro (Fernández-Miranda Lozana y Fernández-Miranda Campoamor (1995: 185-214). Un mes antes de su designación, Suárez llevó a las Cortes la ley de asociaciones políticas, que abrió las puertas a la legalización de los partidos. En su alocución defendió la voluntad del Gobierno de normalizar el entendimiento entre la clase política, camino que los ciudadanos —según él— ya habían recorrido, y consiguió el respaldo mayoritario de la Cámara:

> Vamos sencillamente, señores procuradores, a quitarle dramatismo a nuestra política. Vamos a elevar a la categoría política de normal, lo que a nivel de calle es simplemente normal. Vamos a sentar las bases de un entendimiento duradero bajo el imperio de la ley.

El 10 de septiembre de 1976, tres meses después de pronunciar aquella frase sugerida por el periodista Fernando Ónega, y ya en calidad de presidente del Ejecutivo, Suárez presentó en el Parlamento la Ley para la Reforma Política, cuyo texto devolvía la soberanía al pueblo español y contenía las claves de la Transición y los mecanismos para elaborar una constitución.

> La democracia debe ser obra de todos los ciudadanos y nunca obsequio, concesión o imposición, cualquiera que sea el origen de ésta. Por eso estamos convencidos que para su logro es preciso el concurso de cuantas fuerzas se articulen en el cuerpo nacional. Se trata de acomodar nuestros esquemas legales a la realidad del país. En consecuencia, hemos procurado examinar con toda objetividad las demandas políticas que se producen desde la ciudadanía y, para ello, hemos conectado con muchos de los grupos políticos más significativos que existen en España y que ofrecen alternativas estimables, sean de derecha, de centro o de izquierda, para escuchar con respeto sus puntos de vista. Pero la opinión pide hechos, y con hechos queremos responder. Ha llegado el momento de clarificar la situación política, y el pueblo español debe legitimar con su voto a quienes en virtud del nuevo pluralismo surgido en España aspiran a ser sus intérpretes y representantes.

«DE» O «PARA» LA REFORMA POLÍTICA Y EL «SÁBADO SANTO ROJO»

Sobre el nombre de la ley —«para la Reforma Política»—, haber optado por la preposición «de» habría permitido a los continuistas, sostenía Manuel Jiménez de Parga (1984: 349), «alegar que el proyecto nacía con las raíces hincadas en el régimen vigente [o sea, el franquismo], mientras que la preposición "para" indicaba acaso una ruptura con lo establecido».

El 23 de agosto de 1976, Torcuato Fernández Miranda entregó a Suárez el primer borrador, diciéndole: «Aquí te entrego esto que no tiene padre, ésta es tu ley». Suárez presentó entonces «su» anteproyecto de ley al Consejo de Ministros el día 24. Fue unánimemente aceptado. El texto inició su trámite en las Cortes, superando cada paso sin mayores dificultades. El 18 de noviembre de 1976 las Cortes orgánicas aprobaron la Ley para la Reforma Política.

El 15 de diciembre de 1976 la ley se sometió a referéndum, previa celebración de la oportuna campaña institucional, invitando al voto, al ritmo de una canción de encargo titulada *Habla pueblo, habla*, del grupo musical Vino Tinto. Al sufragio masculino (en su momento llamado «universal») se sumó el femenino (ejercido por vez primera en las elecciones de 1933, durante la II República, e interrumpido durante el franquismo salvo para los referéndums celebrados en 1947 y 1966).

Los españoles respaldaron mayoritariamente la reforma. Participó el 77,47 % del pueblo español y un 92,5 % votó a favor. El 5 de enero de 1977 el *Boletín Oficial del Estado* publicó la «octava ley fundamental», «instrumento jurídico-político que hizo posible, "de la ley a la ley", la convocatoria de elecciones generales a Cortes con potestades constituyentes» (Fernández-Miranda, 1995: 282). En poco más de un año se sentaron las bases para la reforma política hacia la democracia.

En el mes de febrero de 1977 se formalizaron decenas de inscripciones en la ventanilla del Registro de Asociaciones Políticas. Nuevos y viejos partidos presentaron su solicitud. Entre ellos, el Partido Socialista Obrero Español, después de treinta y ocho años en el exilio. Un mes más tarde, en marzo de 1977, se decretó una amnistía, la segunda en lo que iba de proceso. De cara a las elecciones, no había un solo preso político en prisión y tampoco exiliado alguno en el exterior.

Todo estaba dispuesto para la cita con las urnas, excepto la legalización del Partido Comunista de España (PCE). Las reticencias hacia este grupo político y, singularmente, hacia su secretario general, Santiago Carrillo, eran considerables. La decisión se adoptó el 9 de abril, en plena Semana Santa. Con el conocimiento del rey, y de acuerdo con su voluntad, Suárez legalizó el PCE el «Sábado Santo Rojo».

La tensión en los estamentos militares tras esta medida obligó al presidente del Gobierno a pedir al líder comunista un gesto político que tranquilizara al Ejército. «Los militares están a punto de levantarse» fue el mensaje que Suárez hizo llegar a Carrillo el día 14 de abril, fecha en que se reunía el Comité Central del Partido Comunista, por vez primera tras la Guerra Civil. En la segunda jornada, el día 15, Carrillo interrumpió la sesión para advertir del grado de dificultad en que se encontraba el proceso democrático:

> En estas horas, no digo en estos días, digo en estas horas, puede decidirse si se va hacia una democracia o si se entra en una involución gravísima que afectará no sólo al partido y a todas las fuerzas democráticas de oposición, sino también a los reformistas e institucionales [...]. Creo que no dramatizo (Prego, 1995: 656).

Sin solución de continuidad, Carrillo dio lectura a:

> [...] una renuncia solemne y sin condiciones a algunos de los símbolos que han representado al partido desde sus orígenes y la aceptación de los que el Ejército considera amenazados con su legalización: la bandera rojigualda, la unidad de la patria y la monarquía (Cercas, 2009: 197).

El Comité Central aprobó la propuesta de Carrillo y el partido se apresuró a hacerla pública en una rueda de prensa histórica en la que el secretario general y su equipo dirigente aparecen «recortados contra una asombrosa, descomunal e improvisada bandera monárquica» (Cercas, 2009: 198). Suárez dio curso entonces a la convocatoria de elecciones.

LA LEGITIMIDAD DINÁSTICA. JUAN CARLOS, ¿LEGÍTIMO HEREDERO? Y LA DEFENSA «UTILITARISTA» DE LA RESTAURACIÓN

No resulta frecuente la aparición de nombres propios en un texto constitucional, y menos aún en su parte normativa. En el artículo 57.1 de la Constitución de 1978 puede leerse, sin embargo, que «la Corona de España es hereditaria en los sucesores de S. M. Don Juan Carlos I de Borbón...». Y, a continuación, su categorización como «legítimo heredero de la dinastía histórica»; expresión que no fue iniciativa de la ponencia restringida, sino del senador monárquico Joaquín Satrústegui. La conocida como «enmienda Satrústegui» incorporaba al texto constitucional la renuncia a sus derechos del conde de Barcelona, el 16 de mayo de 1977, un mes antes de que se celebraran las primeras elecciones. Así, recordaba Cisneros (2003: 26):

> Desde aquel 16 de mayo don Juan Carlos ostentaba en plenitud la legitimidad histórica de su estirpe, cancelando cualquier enojosa polémica sobre la naturaleza restauradora de la decisión de Franco, no respetuosa con los principios sucesorios, consustanciales a la tradición de la Corona de España.

Ciertamente, el recorrido experimentado por el Reino Unido desde el absolutismo hasta la democracia parlamentaria precisó el transcurso de los siglos; y ese itinerario fue cubierto por el pueblo español —salvando todas las distancias— en un período de tan solo veinte meses, gracias a la determinación de los ciudadanos y a la acertada dirección del rey Juan Carlos.

Don Juan de Borbón renunció a sus derechos dinásticos en favor de su hijo, en un acto discreto, pero de capital importancia desarrollado en el Palacio de la Zarzuela, que no en el Palacio Real, como la ocasión —por su trascendencia— parecía aconsejar. Desde este momento, don Juan Carlos sucedió «en la plenitud de los derechos dinásticos como rey de España» al rey Alfonso XIII, su abuelo. Como correspondía, don Juan Carlos pronunciaba, acto seguido, el oportuno discurso de aceptación:

> Señor, el mandato de Su Majestad el Rey Alfonso XIII —«Sobre todo, España»— creo que ha sido cumplido [...]. Quiero cumplir como rey los compromisos de este momento histórico. Quiero escuchar y comprender lo que sea mejor para España. Respetaré la voluntad popular, defendiendo los valores tradicionales y pensando sobre todo que la libertad, la justicia y el orden deben inspirar mi reinado. De esta forma, la monarquía será elemento decisivo para la estabilidad necesaria de la Nación. En estos momentos de indudable trascendencia para España y para nuestra familia, y al recibir de tus manos el legado histórico que me entregas, quiero rendirte el emocionado tributo de mi cariño filial, unido al respeto profundo que

siempre te he profesado, al comprender desde niño que, sobre todo y por encima de todo, tú no has tenido nunca otro ideal que la entrega absoluta al servicio del pueblo español.

La renuncia a los derechos históricos por parte de don Juan en favor de su hijo otorgaba a don Juan Carlos la legitimidad dinástica que, unida a la de ejercicio, daría al rey los instrumentos precisos para reinar. No existe hoy, en última instancia, legitimidad racional más importante para la monarquía que «la weberiana de la eficacia», recordaba Alzaga (2007: 3), como ya avanzó el 6 de junio de 1876 en su intervención en el Congreso Antonio Cánovas del Castillo con su «defensa utilitarista de la restauración de la Institución».

ELECCIONES DEMOCRÁTICAS, PROCESO CONSTITUYENTE Y UN REY QUE NO QUERÍA SER «EL JEFE DEL ESTADO CUYA LEGITIMIDAD DERIVASE DE LA VICTORIA DE MEDIA ESPAÑA SOBRE LA DERROTA DE LA OTRA MEDIA»

El 22 de mayo de 1977 comenzó la campaña electoral. Las calles de España se llenaron de octavillas, carteles, coches y propaladoras. Toda una industria inédita al servicio de la democracia, incluidos los desconocidos «espacios gratuitos de propaganda electoral» en la televisión pública, la única existente, cuyo propósito era dar a conocer a los ciudadanos los programas de los partidos y sus respectivos candidatos.

El pueblo deseaba mayoritariamente el establecimiento de un sistema de libertades. Crecía el interés por la política y también el deseo de participar en ella. Los ciudadanos contaban a estos efectos con la palabra del rey: la había comprometido el mismo día de su proclamación y había jurado ser el rey de «todos» los españoles:

> La Institución que personifico integra a todos los españoles, y hoy, en esta hora tan trascendental, os convoco porque a todos nos incumbe por igual el deber de servir a España. Que todos entiendan con generosidad y altura de miras que nuestro futuro se basará en un efectivo consenso de concordia nacional.

De la misma manera, unos meses antes, con ocasión de la proclamación de don Felipe como príncipe de Asturias, el 6 de enero de 1977, don Juan Carlos adelantó que no quería ser «el jefe del Estado cuya legitimidad derivase de la victoria de media España sobre la derrota de la otra media».

El 13 de junio, Suárez pronunció su último discurso antes de las elecciones y contrajo en esta alocución varios compromisos. Entre ellos, el más relevante fue el de redactar una constitución entre todos los partidos que obtuvieran representación parlamentaria: «Puedo prometer y prometo intentar elaborar una Constitución, en colaboración con todos los grupos representados en las Cortes, cualquiera que sea su número de escaños».

Dos días después, tras la preceptiva jornada de reflexión, la cita con las urnas se desarrolló sin incidentes. La Unión de Centro Democrático (UCD) ganó las elecciones con el 34,52 % de los votos (6.309.517) y obtuvo 165 escaños. El Partido Socialista Obrero Español (PSOE), respaldado por el 24,44 % de los electores (4.467.745 votos), consiguió ciento tres actas de diputado. A distancia considerable, la tercera fuerza política fue Alianza Popular (AP), con el 8,05 % de los sufragios (1.471.527 votos) y dieciséis escaños. El Partido Comunista de España (PCE) fue la cuarta formación, con 1.150.774 votos, el 6,3 % del voto escrutado, correspondiéndole doce escaños.

Tan solo dieciocho meses después de la muerte de Franco, los españoles estrenaban uno de los años más importantes de su historia contemporánea: 1977, el año de las primeras elecciones democráticas.

Las Cortes Constituyentes; o la reunión de «las dos Españas» de Machado; o el noble y reiterativo estribillo del consenso

La legislatura constituyente se inauguró el 19 de junio de 1977. El nuevo Gobierno vendría a culminar el proceso de Transición, al propiciar la redacción de la Constitución, que fue aprobada en referéndum el 6 de diciembre de 1978 y publicada en el BOE de 29 de diciembre de ese mismo año (evitando por razones evidentes la fecha inmediatamente anterior de 28 de diciembre).

El 22 de julio de 1979 se inauguraron las primeras Cortes democráticas. En el hemiciclo estaban representadas «las dos Españas» de Antonio Machado (1992). El rey presidió la sesión, visiblemente satisfecho. Se inició de este modo el proceso constituyente. Fueron estas las Cortes encargadas de redactar la Constitución que haría realidad el sistema democrático. Y sería, por vez primera en la historia de España, la Constitución de «todos» los españoles, la Constitución del «consenso», noción esta última que Peces-Barba (1979: 12) definió como un «concepto central, heredero moderno de la idea del contrato social, para explicar la formación y el mantenimiento de las sociedades». Años más tarde, con motivo del 25 aniversario de la carta magna, otro ponente constitucional, Gabriel Cisneros (2003), hablaba de un «contrato histórico de reconciliación nacional, que fue el aliento inspirador e impulsor de ese, no por noble, menos reiterativo estribillo del *consenso*» (Zapatero, 2023).

El camino de la reconciliación entre los diferentes pensamientos tuvo en ese Parlamento su punto de partida. La memoria de todos, reunida democráticamente para escribir un futuro en común. Días después, el 26 de julio de 1977, el Pleno del Congreso aprobaba por unanimidad una moción presentada por todos los grupos parlamentarios que acordaba la creación de una Comisión de Asuntos Constitucionales y Libertades Públicas que tendría por cometido redactar una constitución cuyo articulado se sometería, previa discusión en el Parlamento, a la voluntad del pueblo español. El proceso *constituyente* quedaba así inaugurado. En la sesión de constitución de la Comisión, el 1 de agosto de 1977, se eligieron los integrantes de la Mesa —Emilio Attard Alonso sería el presidente—, así como los miembros de la ponencia restringida que había de redactar el anteproyecto de Constitución. Por orden alfabético: Gabriel Cisneros Laborda, Manuel Fraga Iribarne, Miguel Herrero y Rodríguez de Miñón, Gregorio Peces-Barba Martínez, José Pedro Pérez-Llorca y Rodrigo, Miguel Roca Yunyent y Jordi Solé Tura fueron nuestros *founding fathers*.

Sus siete integrantes iniciaron los trabajos el 1 de agosto de 1977 y seis meses después, el 5 de enero de 1978, el texto se publicaba en el *Boletín Oficial de las Cortes*, acompañado de los correspondientes votos particulares de distintos ponentes. El trabajo de la ponencia se discutió en Comisión entre el 5 de mayo y el 20 de junio de 1978, durante veinticuatro sesiones. El texto enmendado se debatió en el Pleno del Congreso durante doce sesiones de trabajo, entre el 4 y el 21 de julio de 1978, fecha de aprobación del proyecto por 258 votos a favor, dos en contra y catorce abstenciones. La discusión en la Cámara Alta se desarrolló entre mediados de agosto y principios de octubre de 1978: primero en Comisión, durante diecisiete sesiones celebradas entre el 18 de agosto y el 14 de septiembre; y después en Pleno, entre el 25 de septiembre y el 5 de octubre de 1978, durante diez sesiones más.

Culminado este proceso, la Comisión Mixta Congreso-Senado hizo pública su decisión, el 28 de octubre de 1978, en el *Boletín Oficial de las Cortes*. Y tres días después, el 31 de octubre, el dictamen de la Comisión Mixta se sometió a la aprobación de cada una de las Cámaras, por separado. El Pleno del

Congreso lo aprobó por 316 votos a favor, seis en contra y tres abstenciones. La Cámara Alta se manifestó en Pleno en una proporción similar: 226 votos a favor, cinco en contra y ocho abstenciones.

El rey sometería ahora a referéndum el proyecto de Constitución. La convocatoria se formuló por Real Decreto 2560/1978, de 3 de noviembre, publicado en el *Boletín Oficial del Estado* del día 6 de noviembre de 1978. Justo un mes después, el 6 de diciembre de 1978, se celebró la consulta popular, que arrojó los siguientes resultados:

Ciudadanos con derecho a voto	26.632.180
Ciudadanos que votaron	17.873.301
Votos a favor	15.706.078
Votos en contra	1.400.505
Votos en blanco	632.902
Votos nulos	133.786

La Constitución fue promulgada por S. M. el rey al término de la sesión conjunta del Congreso de los Diputados y del Senado celebrada el 27 de diciembre de 1978, entrando en vigor el día de su publicación en el BOE (núm. 311.1), dos días después. En esa misma fecha, el *Boletín Oficial del Estado* publicó las versiones: balear (311.2), catalana (311.3), gallega (311.4), valenciana (311.5) y vasca (311.6).

DISCUSIÓN PARLAMENTARIA

Debates sobre monarquía o república o «en las democracias coronadas, más que *poder*, lo que hay en la Jefatura del Estado es *influencia*» (Alzaga); o «los socialistas no somos monárquicos, porque quien aspira a suprimir al rey en el taller no puede admitir otro rey» (Iglesias); o «hay que desear la república por patriotismo, por españolismo» (Araquistáin, 1930);

o «si democráticamente se establece la monarquía, en tanto sea constitucional, nos consideraremos compatibles con ella» (Gómez Llorente)

«Todos los Estados, todas las dominaciones que han ejercido y ejercen soberanía sobre los hombres, han sido y son *repúblicas* o *principados*», escribió en *El príncipe* Nicolás de Maquiavelo a «el Magnífico» Lorenzo de Médicis (1513). Esta dicotomía advertida por el escritor florentino ha determinado —y aún determina— la historia del debate y la praxis política. Tan solo se observa con el paso del tiempo una modificación formal, que no imprescindible o sustantiva, la cual es la sustitución del término de origen latino *principado* por el de origen griego *monarquía*, hoy en uso (*Diario de Sesiones del Congreso*, 11 de mayo de 1978: 2198).

Con esta categorización formulada por Maquiavelo inició su intervención José Pedro Pérez Llorca, diputado de la Unión de Centro Democrático, en el debate sobre la forma que habría de tener la Jefatura del Estado. Los debates, que inclinaron la decisión final a favor de la monarquía, se desarrollaron con total libertad. En este sentido, Emilio Attard Alonso, a la sazón presidente de la Comisión de Asuntos Constitucionales y Libertades Públicas, recordaba a los parlamentarios en la sesión de apertura del 11 de mayo de 1978:

> Por la alta responsabilidad que nos asiste [...], la vigencia de los preceptos del Reglamento que exigen la delicadeza obligada cuando hagamos referencia a instituciones que son objeto de debate, sin merma alguna de la libertad que todos tenemos para expresar nuestro pensamiento.

Lo cierto es que debatieron con toda libertad —«me estáis dejando sin trabajo», llegó a decir el rey (Burns, 2007)—, aunque, sin duda, en un marco singular: tras la muerte de Franco, la monarquía en España había sido re-instaurada y Juan Carlos de Borbón y Borbón era, de acuerdo con la legislación vigente, el sucesor «a título de rey». De este modo, las discusiones en torno a quién ocuparía la más alta magistratura del

Estado se produjeron con don Juan Carlos reinando, desde hacía ya tres años.

Los partidos y coaliciones UCD, AP, PCE, Minoría Catalana y PNV —este último con las reservas conocidas— manifestaron su apoyo a la monarquía parlamentaria. Otros expresaron su voto en contra: Heribert Barrera, en nombre de Esquerra Republicana de Catalunya (ERC), y Francisco Letamendía, quien representaba a Euskadiko Ezkerra (EE). El PSOE, partiendo de un voto particular expresado a favor de la república, se abstuvo finalmente. El resultado de la votación fue veintitrés votos favorables, trece abstenciones y ninguno en contra.

En un memorable discurso, el diputado socialista Luis Gómez Llorente explicó en el Congreso de los Diputados, el 11 de mayo de 1978, las razones por las que el PSOE mantuvo su voto particular republicano:

> Por honradez y por lealtad con nuestro electorado, por consecuencia con las ideas de mi partido y porque lo sentimos como un mandato que debemos cumplir de tantos y tantos republicanos que no habiendo podido concurrir en cuanto tales a las elecciones del 15 de junio, depositaron en nosotros su confianza.

Gómez Llorente recordó la alocución de Pablo Iglesias en el Parlamento, el 10 de enero de 1912, exclamando que los socialistas «no somos monárquicos, porque no lo podemos ser; [porque] quien aspira a suprimir al rey en el taller, no puede admitir otro rey» (*ibid.*, 2195). Rechazó el argumento de «la neutralidad de los magistrados vitalicios y por virtud de la herencia, al situarse más allá de las contiendas de intereses y grupos, pues todo hombre tiene sus intereses». Justificó su discrepancia argumentando lo siguiente:

> En el orden de las ideas, nadie sensato puede sentirse ofendido por escuchar las del otro, y cualquiera ha de entender que quienes nos sentimos impulsados por la lucha contra el privilegio y no aceptamos otra carta de singular retribución que el propio esfuerzo y el mérito, prefiramos la república como forma de gobierno.

Recordó, por último, la célebre frase de Luis Araquistáin: «Hay que desear la república por patriotismo, por españolismo. La idea de España y la república se confunden» (*ibid.*, 2197).

Pero, a continuación, Gómez Llorente hizo compatibles los conceptos monarquía, democracia, Constitución y socialismo. Afirmó que el Grupo Parlamentario Socialista «no pretendía fragilizar el nuevo régimen»; ni que, por su actitud, «quedara en precario ninguna de sus instituciones» (*Diario de Sesiones*: 2194). Asimismo, aseguró:

> El socialismo, en la oposición y en el poder, no es incompatible con la monarquía cuando esta institución cumple con el más escrupuloso respeto a la soberanía popular y a la voluntad de reformas y aún transformaciones que la mayoría del pueblo desee en cada momento, ya sea en el terreno político o económico.

Y dejó claro su voto cuando, para concluir su intervención, advirtió de que, «si democráticamente se establece la monarquía, en tanto sea constitucional, nos consideraremos compatibles con ella».

En idéntico sentido, el diputado Jordi Solé Tura (PSUC), representante del Grupo Comunista en la ponencia constitucional, recordó la sentencia del secretario general del Partido Comunista (PCE), Santiago Carrillo: «Mientras la monarquía respete la Constitución y la soberanía popular nosotros respetaremos la monarquía» (*Diario de Sesiones*: 2221).

Completado el trámite parlamentario, la mayoría de las Cámaras decidió que la nueva estructura constitucional estuviera culminada por una jefatura del Estado de carácter monárquico.

Pero, además de distinguir entre las dos formas de Estado mayoritariamente conocidas por la historia —monarquías y repúblicas—, resultaba preceptivo diferenciar los conceptos 'forma de Estado' y 'forma de gobierno'; entendiendo esta última como «el sistema que regula las relaciones entre los poderes del Estado», decía Laureano López Rodó en la Comisión de Asuntos Constitucionales y Libertades Públicas, en la sesión de 11 de mayo de 1978 (*Diario de Sesiones*: 2216), a través de una enmienda (n.º 6919) sobre el adjetivo «parlamentaria».

En esa misma sesión, José Pedro Pérez Llorca explicó la necesidad de contar en todo ordenamiento constitucional democrático con un órgano que exprese formalmente la unidad del Estado, también en sus relaciones internacionales; un órgano que colabore en la formación, puesta en movimiento y coordinación de todos los demás órganos constitucionales, facilitando el armónico desarrollo de su actividad. Se refería obviamente a la Jefatura del Estado, que en la monarquía coincide con la Corona y en la república puede ser un presidente o un órgano colectivo. Pérez Llorca fundamentó la existencia de este órgano constitucional en «la permanente necesidad de expresar y reconocer la unidad del Estado, especialmente en los regímenes políticos con separación de poderes» (*Diario de Sesiones*: 2220). El jefe del Estado se diferenciaría de los demás órganos constitucionales por una mayor dignidad personal, manifestada a través de normas de corrección y cortesía, antes que por pautas de orden jurídico; una característica que, en opinión de Pérez Llorca, facilitaría «la tarea de árbitro supremo de las más elevadas funciones estatales» y se encuentra, «de manera natural y espontánea, en las monarquías».

A diferencia de lo que ocurre en el modelo republicano, en la Jefatura del Estado monárquica la *irresponsabilidad* del monarca, ligada a un ejercicio vitalicio y hereditario del cargo, está cubierta por la responsabilidad política de los ministros, a través de la técnica del *refrendo*. Exceptuando la forma de reclutamiento —concluía Pérez Llorca—, son muy escasas las diferencias con el jefe del Estado en las repúblicas parlamentarias, ofreciendo a cambio la ventaja de apartar de la cúspide del Estado la lucha de partidos y las decisiones políticas (*Diario de Sesiones:* 2197).

Solo una «monarquía republicana» puede ser legítima para los demócratas

La intervención en Comisión del diputado Martín Toval, en nombre del Grupo Parlamentario Socialistes de Catalunya, se inicia con una pregunta retórica —«¿cómo salvar al rey actual de caer en manos de las fuerzas antidemocráticas?»— que el mismo diputado responde señalando, como único camino, dando forma a una monarquía ajena a la acción de Gobierno:

> La única fórmula predemocrática aceptable y posible para la futura consolidación del poder democrático es un rey que reine, pero que no se queme en el juego político ni pueda ser manipulado, como siempre históricamente lo ha sido, por los grupos conservadores (*Diario de Sesiones*: 2204).

En previsión de que no prosperase la opción republicana, el Grupo Socialistes de Catalunya presentó diversas enmiendas al proyecto constitucional, en aras de una contenida asignación de poderes al rey: «Ser republicanos hoy puede significar salvar a la monarquía actual de sus adherencias no democráticas, pero recordando que solo una monarquía, por así decir, republicana, puede tener hoy legitimidad para los demócratas».

República no es sinónimo de democracia; o «un rey en la cúspide estabiliza el poder»; o república coronada versus democracia coronada; o «el rey no está *entre* los poderes políticos, sino *sobre* los poderes políticos, en fórmula difícilmente perfeccionable»; o *Deus ocasionatus*, el hombre es un dios ocasional

La intervención del diputado Óscar Alzaga sirvió para afirmar —evocando al político belga Paul Henri Spaak— que «la monarquía constitucional es el régimen que conviene a la democracia, en la que siempre hay algo de débil y peligroso». Hasta tal punto lo consideraba que concluyó: «Un rey en la cúspide estabiliza el poder» (*Diario de Sesiones*: 2205).

Alzaga apostaba por lo siguiente:

> Una monarquía moderna, de las que aquí se han calificado de 'república coronada' y que más bien deberían denominarse 'democracias coronadas', porque república no es sinónimo de democracia; y si no, échese una larga mirada hacia Latinoamérica o hacia los países árabes, por ejemplo.

Congreso de los Diputados. Madrid, 19 de junio de 2014. Proclamación de Su Majestad el Rey Felipe VI. © *Casa de S.M. el Rey / Borja Fotógrafos.*

Despacho con el presidente del Gobierno Mariano Rajoy. Palacio de La Zarzuela. Madrid, 20.06.2014. © *Casa de S.M. el Rey / Borja Fotógrafos.*

Discurso de 3 de octubre de 2017 tras el referéndum de Cataluña. © *Casa de S.M. el Rey.*

Atentados de Barcelona. Manifestación en apoyo a las víctimas de los atentados de Barcelona y Cambrils, 26 de agosto de 2017.

Fiesta Nacional de España, 2024, junto a la Princesa Leonor.

Su Majestad el Rey impone el Collar de la Real y Distinguida Orden Española de Carlos III a Su Alteza Real la Princesa de Asturias, Palacio Real de Madrid, 31.10.2023. © *Casa de S.M. el Rey.*

Su Alteza Real la Princesa de Asturias jura la Constitución Española ante las Cortes Generales, en presencia de Sus Majestades los Reyes, la Infanta Doña Sofía y de la presidenta del Congreso de los Diputados. Congreso de los Diputados. Madrid, 31.10.2023. © *Casa de S.M. el Rey.*

Con el presidente de los Estados Unidos de América, Barack Obama, 2014.

Con Ursula von der Leyen en los *World Peace and Liberty Award.*

Consejo de Seguridad Nacional, saludando al presidente del Gobierno, Pedro Sánchez. 14 de febrero de 2023.

Don Felipe, durante su intervención en los Premios de la Fundación Víctimas del Terrorismo. Madrid, 14.12.2022. © *Casa de S.M. el Rey.*

En Paiporta (Valencia), visitando a los damnificados
de la DANA, 2024 (Agencia EFE).

Don Felipe y doña Letizia durante la misa por las víctimas de la
DANA de Valencia. 9 de diciembre de 2024. © *Casa de S.M. El Rey.*

Mensaje de Navidad de Felipe VI, Nochebuena 2024,
desde el Palacio Real. © *Casa de S.M. el Rey.*

Felicitación de Navidad de Sus Majestades los Reyes.
Junto con Su Alteza Real la Princesa de Asturias y Su Alteza
Real la Infanta Doña Sofía. © *Casa de S.M. El Rey.*

Alzaga afirma que «el rey no está *entre* los poderes políticos, sino *sobre* los poderes políticos, en fórmula difícilmente perfeccionable»; condición que, a su juicio, favorecería la imparcialidad.

Alzaga recurrió a una metáfora para destacar la característica de imparcialidad de la monarquía, afirmando que son los políticos quienes pilotan la nave del Estado, «sin que la Corona intervenga en la sustitución de esos pilotos o en el rumbo que en cada momento le dan». Repara, acto seguido, en la característica de continuidad que define a los reyes, recordando que *el rey nace y no se hace*; y que, «en las "democracias coronadas", más que *poder*, lo que viene a haber en la Jefatura del Estado es *influencia*». Recuerda, invocando a Bagehot, que «el Rey aconseja, anima y advierte»; y evoca el hábito de Ortega de citar al cardenal Cussano y su célebre *Deus ocasionatus*, el hombre es un dios ocasional (*Diario de Sesiones*: 2206).

La coyuntura se convirtió, ciertamente, en «elemento supremo sobre el que sustentar la monarquía en los anclajes de la Transición», afirma Antonio Maestre (2020), que destaca la «inteligencia» del político «conservador»: «conocía perfectamente la importancia de la conveniencia histórica para la pervivencia de la monarquía [...], la oportunidad histórica que suponía el binomio monarquía-democracia cuando en 1978 se estaba armando el Estado de derecho que hoy conocemos». La advertencia del «legislador conservador» de que «la república en esos momentos del nacimiento democrático incluiría un elemento de confrontación insuperable para España» era acertada, dada la coyuntura histórica: «la república era una utopía que hubiera incluido un acicate para la vuelta a los momentos más oscuros de nuestra historia porque las pistolas estaban calientes».

«El PSOE es y se siente profundamente republicano»; o aceptar para el rey la legitimidad que emane de un régimen constitucional, pero nunca de la designación de Franco

Llegado el momento, ni el Grupo Parlamentario Comunista ni la Minoría Catalana cuestionaron la monarquía como forma política del Estado. Fue el PSOE quien planteó, por vez primera, este debate. Concluidos los trabajos de la ponencia, el Grupo Socialista preconizó en sus votos particulares la supresión del párrafo tercero del artículo 1 del anteproyecto —«la forma política del Estado español es la monarquía parlamentaria»—, dando a todos los artículos relacionados con la Jefatura del Estado forma y redacción republicana. El tiempo demostraría, no obstante, que se trataba de una sobreactuación. En la primera sesión de la Comisión constitucional, el día 5 de mayo de 1977, destinada a fijar posiciones sobre el conjunto del anteproyecto, Gregorio Peces-Barba esperó al final de una larga y minuciosa intervención para aludir a la forma de Estado:

> En la Constitución debe discutirse todo, porque de la Constitución debe nacer toda la legitimación, una vez aprobada, y nada debe quedar fuera de la Constitución. Hemos dicho que no hay ningún enraizamiento de ningún poder fuera de la Constitución, y eso es lo que lleva al cumplimiento de esa primera de las funciones, que es la función de legitimación que realiza la Constitución, y por eso la introducción de este punto de debate. Y, por supuesto, la aceptación democrática de los resultados del mismo es un servicio que consideramos imprescindible a la comunidad en este momento (*Diario de Sesiones*, Comisión de Asuntos Constitucionales y Libertades Públicas, sesión n.º 1, 5 de mayo de 1978: 2035).

El PSOE buscó una argumentación que, manteniendo en vigor el ideario republicano que les conectaba con el pasado, no cerrara la puerta a una hipotética convivencia con la monarquía, en caso de que esta fórmula prosperase. Ante esta eventualidad, los socialistas hicieron ver que aceptarían para el rey la legitimidad que emanara de un régimen constitucional, pero nunca de la designación de Franco, quien en su día nombró a don Juan Carlos sucesor «a título de rey».

La Ley de Sucesión en la Jefatura del Estado de 1947 disponía (art. 6) que el jefe del Estado podría proponer a las Cortes, en cualquier momento, la persona que habría de ser llamada en su día a sucederle a título de rey o regente. Y así ocurrió el 21 de julio de 1969, fecha en que Franco remitió a las Cortes un texto que suponía la aplicación práctica de aquel artículo:

> Estimo que ha llegado el momento de proponer a las Cortes Españolas como persona llamada en su día a sucederme a título de rey, al príncipe don Juan Carlos de Borbón y Borbón, quien tras haber recibido la adecuada formación para su alta misión y formar parte de los tres Ejércitos, ha dado pruebas fehacientes de su acendrado patriotismo y de su total identificación con los Principios del Movimiento y Leyes Fundamentales del Reino, y en el que concurren las demás condiciones establecidas en el artículo 9º de la Ley de Sucesión.

El socialismo no es incompatible con la monarquía; o el poder no puede ampararse en ningún principio dinástico, ni en origen divino alguno, sino en la legitimidad del pueblo

El diputado socialista Luis Gómez Llorente defendió la posición del PSOE sobre la forma de Estado en un dogmático discurso pronunciado ante la Comisión constitucional, en la trascendental sesión de 11 de mayo de 1978: «Cumple a este diputado el honor de mantener el voto particular del Grupo Socialista al párrafo tercero del artículo primero del anteproyecto de Constitución, por el que se defiende la república como forma de Gobierno».

Partiendo de la idea de que las Cortes Constituyentes eran las únicas depositarias del poder soberano de la nación y que, por consiguiente, «ninguna institución preexistente quedaba a salvo de su discusión y sometimiento a debate», para Gómez Llorente, el poder no podía ampararse en ningún principio dinástico, ni en origen divino alguno, sino en la legitimidad que le da el pueblo:

> Ni creemos en el origen divino del Poder, ni compartimos la aceptación de carisma alguno que privilegie a éste o a aquel ciudadano simplemente por razones de linaje. El principio dinástico por sí solo no hace acreedor para nosotros de poder

a nadie sobre los demás ciudadanos. Menos aún podemos dar asentimiento y validez a los actos del dictador extinto que, secuestrando por la fuerza la voluntad del pueblo, y suplantando ilegítimamente su soberanía, pretendieron perpetuar sus decisiones más allá de su poderío personal despótico, frente al cual los socialistas hemos luchado constantemente (*Diario de Sesiones*, Comisión de Asuntos Constitucionales y Libertades Públicas, sesión n.º 4, 11 de mayo de 1978: 2193 y 2194).

También afirmó Gómez Llorente que la monarquía no podía aceptarse como «una situación de hecho», como —en su opinión— hacían otros partidos de la izquierda, en un implícito pero evidente reproche al PCE:

> Allá los partidos que, reclamándose de la izquierda, piensan que algo tan trascendente y duradero como la forma política del Estado puede darse por válida merced de razones puramente coyunturales, de pactos ocasionales o de gratitudes momentáneas. No somos nosotros de aquellos que pueden hacer el tránsito súbito en unos meses desde el insulto a la institución y la befa a la persona que la encarna, al elogio encendido y la proclamación de adhesiones entusiastas con precipitada incorporación de símbolos y enseñas. Da la casualidad de que donde ésos gobiernan fueron derribadas violentamente las monarquías, y no precisamente por plebiscitos.

Insistió también Gómez Llorente en que el PSOE era y se sentía profundamente republicano y que no mantenía su postura por una mera consideración demagógica. Pero, en la conclusión, y evolucionada la posición de partida, se justificó explicando que los socialistas no querían debilitar la nueva situación política y que, por esa razón, aceptarían lo que la mayoría acordase:

> La actitud de los socialistas ante la institución monárquica es más serena, más de principios, más estable, probablemente más sincera. No ocultamos nuestra preferencia republicana, incluso aquí y ahora, pero sobrados ejemplos hay de que el socialismo, en la oposición y en el poder, no es incompatible con la monarquía cuando esta institución cumple con el más

escrupuloso respeto a la soberanía popular y a la voluntad de reformas y trasformaciones que la mayoría del pueblo desee en cada momento, ya sea en el terreno político o económico.

El PCE y la reconciliación nacional; o, «tras la tragedia de la guerra, lo decisivo no era la forma de Estado, sino la reconciliación nacional»; o «la cuestión republicana, una aventura catastrófica que no traería la república y que haría perder la democracia»

La postura de los comunistas en relación con la consagración de la monarquía como forma de Estado fue muy distinta. A diferencia del PSOE, el PCE sí reconocía la legitimidad *de ejercicio* del monarca. Su posición fue marcadamente pragmática en este asunto desde el inicio de la Transición.

El 5 de mayo de 1978 Santiago Carrillo inició su intervención en la Comisión de Asuntos Constitucionales y Libertades Públicas recordando la génesis republicana del partido, y expuso de modo preciso su posición sobre la forma de gobierno: «El Partido Comunista ha considerado siempre la república democrática como la forma más idónea de la democracia» (*Diario de Sesiones*, 5 de mayo de 1978: 2037). Recordó que «los comunistas no habíamos hecho nunca de la forma política el objetivo esencial de nuestra lucha, orientada fundamentalmente a la emancipación social de los trabajadores»; que fue la ruptura del pacto constitucional por parte de Alfonso XIII, en los años veinte, y la consiguiente implantación de la dictadura de Primo de Rivera, la que situó al PCE junto a quienes luchaban por la república; y que, «una vez instaurada ésta como régimen constitucional, la defendimos con nuestra sangre, a pesar de que aquella república, también burguesa, nos reprimió duramente en más de una ocasión».

Pero señaló a continuación que, «tras la tragedia de la Guerra Civil, lo importante no era la forma de Estado, sino la reconciliación nacional» (*Diario de Sesiones*, 5 de mayo de 1978: 2037). El secretario general del PCE creía que «las diferencias sobre la forma de Gobierno no debían ser obstáculo para esa reconciliación; que lo decisivo era obtener, con el consenso más amplio, un sistema de libertades democráticas. Lo decisivo era la democracia». Y que, «una vez instaurada ésta, sería llegado el momento de decidir, sin dramas ni rupturas, la cuestión de la forma de Gobierno».

Afirmó que el cambio en España no se había producido por un proceso de ruptura, como en Portugal, sino gracias a una serie de pasos que condujeron a la reconciliación. Y reconociendo la desconfianza que en un principio suscitaba la figura del rey —a quien consideraban «heredero de la dictadura»—, señaló también el papel de equilibrio político desempeñado por don Juan Carlos en el restablecimiento de las libertades:

> En el proceso de cambio, hemos ido viendo que el jefe del Estado ha sabido hacerse eco de las aspiraciones democráticas y ha asumido la concepción de una monarquía democrática y parlamentaria. La realidad es que ha sido una pieza decisiva en el difícil equilibrio político establecido en este país y lo sigue siendo. Él ha desempeñado el papel de bisagra entre el aparato del Estado, sobre cuyas características no necesito insistir, y las profundas aspiraciones democráticas de la sociedad civil (*Diario de Sesiones*: 2038).

Carrillo subrayó, además, que el rey había evitado una fractura en la sociedad: «Si él no hubiera estado ahí [...], el aparato del Estado y la sociedad civil hubieran chocado, y la misma sociedad civil se habría dividido también, con consecuencias dramáticas para los pueblos de España». Para el secretario general del Partido Comunista, poner en aquellos momentos sobre el tapete la cuestión republicana era «correr una aventura catastrófica que no traería la república y que haría perder la democracia».

Sobre la posición del PSOE, Carrillo aseveró que ningún «partido serio y responsable» lanzaría al país a esa «aventura» y calificó su postura de demagógica. El «riesgo» era, a su juicio, que «no obtendríamos la república, pero perderíamos la democracia»:

> Nosotros nos negamos incluso a hacer una finta con ese tema, a jugar a amagar y no dar; es demasiado serio y el pueblo sabe muy bien lo que somos unos y otros, lo que nos estamos jugando, para dejarse deslumbrar por jugadas demagógicas.

Tras diferentes explicaciones, el líder del PCE anunció su voto afirmativo a la monarquía parlamentaria.

Otros grupos

Las intervenciones de los grupos parlamentarios de UCD y Alianza Popular sirvieron para avalar la forma monárquica de la Jefatura del Estado, postura a la que se sumó la Minoría Catalana, representada por Miguel Roca Junyent.

Javier Arzalluz, en nombre del PNV, explicó su voto positivo a la monarquía por considerarla la más viable en el momento político que vivía España, a condición siempre de que esta cumpliera su compromiso de ser garante de los «derechos históricos» de los pueblos de España.

Tras la votación, la redacción del párrafo tercero del artículo 1.º fue aprobada por veintitrés votos favorables, ninguno en contra y trece abstenciones: las del Partido Socialista Obrero Español. La monarquía era aceptada e institucionalizada, no tanto por un fervor monárquico generalizado, que no se apreciaba en la sociedad, como por una convicción de eficacia instrumental, que implicaba un compromiso de legitimación progresiva mediante su diaria actuación.

En contra de la institución monárquica, manifestaron su posición inamovible los diputados Francisco Letamendía Belzunce, único representante de la coalición electoral Euskadiko Ezkerra-Izquierda de Euskadi (EE-IE) en el Congreso, y Heribert Barrera i Costa, diputado de Esquerra de Catalunya-Front Electoral Democratic (EC-FED).

Funciones y competencias del rey, que no poderes; o ¿qué le quedaría al reinar *si se le quitara el* gobernar?; *o de la teoría de la veleta en el campanario; o del cochon engraissé*

Ningún poder de la tierra es ilimitado, ni el del pueblo, ni el de los hombres que se dicen sus representantes, ni el de los reyes, sea cual sea el título por el que reinen.

Benjamin Constant

La vida del Príncipe es ley y maestra de los pueblos, y necesario es que de las costumbres de él procedan las de todos los otros.

Baltasar de Castiglione

La Constitución de 1978 presenta a la Corona como un órgano del Estado, y a su titular como un poder moderador independiente.

Tal definición no encuentra precedentes en el constitucionalismo español. Tan solo cabría una cierta equiparación con el anteproyecto de Constitución de 1929 que, al margen de otras consideraciones, no llegó a ver la luz. Elaborado durante la dictadura de Primo de Rivera, constitucionalizaba el poder moderador como una función propia de la Jefatura del Estado, atribuyendo al rey (art. 43) el ejercicio de «las prerrogativas que requiera el mantenimiento de la independencia y armonía de todos los poderes». No obstante, la monarquía que ese texto presentaba, siendo constitucional, no era parlamentaria.

Solo después de la aprobación de la Constitución de 1978 puede hablarse en sentido estricto de un poder moderador, en línea con la doctrina de Benjamin Constant, caracterizado en su ámbito de competencias por un manifiesto «predominio de las funciones simbólicas y representativas sobre las propiamente decisorias, que implica el alejamiento del monarca de cualquier participación activa en el proceso político ordinario» (Menéndez Rexach, 1979: 364).

La condición de *parlamentaria* que caracteriza a la monarquía española significa que al rey no le corresponden funciones diferentes de aquellas que deriven de la Constitución. De este modo, la norma fundamental no solo actúa como límite, sino —antes y sobre todo— como fuente de la que derivan las tareas propias del poder moderador.

Concebida la Corona como un órgano estatal, corresponde a la Constitución confiar al monarca un conjunto de tareas y competencias, como al resto de órganos que conforman la estructura del Estado. Y así, el artículo 56.1 —«el rey ejerce las funciones que le atribuyen *expresamente* la Constitución y las leyes»— vendría a significar que el rey tiene establecidas unas funciones precisas, «más allá de las cuales no puede actuar», sin olvidar que sus actos habrán de ser ratificados siempre, mediante la institución del refrendo.

Hemos de tener presente, en todo caso, que hablamos de *funciones* y no de *poderes*; y que es ese conjunto de cometidos, justamente, el que determina el poder moderador del rey; lo que permite, al tiempo, presentarlo como un poder diferenciado de los restantes que la Constitución reconoce.

FUNCIONES GENÉRICAS

Al margen de la tarea de «declarar la guerra y hacer la paz» que establece el artículo 63. 3 —«previa autorización de las Cortes Generales»—, las funciones genéricas son cuatro: la representativa (56.1 y 63), la simbólica, la moderadora y la arbitral (art. 62); a la que añadiríamos una quinta, de mediación, implícitamente presente en la carta magna.

La función representativa (arts. 56.1 y 63) o del rey embajador

La función representativa ha de entenderse restringida al ámbito de las relaciones internacionales, y de ella se aprecian hasta cuatro expresiones diferentes.

La primera, de carácter genérico, confía al monarca «la más alta representación del Estado en las relaciones internacionales, especialmente con las naciones de su comunidad histórica» (art. 56.1); y contiene dos elementos diversos: de un lado, la atribución de la representación internacional —que es una competencia jurídica *stricto sensu*—; y, de otro, el vínculo de la Corona con la comunidad hispánica, asignación que ha de interpretarse en términos simbólicos, si no directamente retóricos.

Las tres restantes derivan de la anterior y son manifestaciones específicas. Corresponde al rey:

- Acreditar a los embajadores españoles, siendo los diplomáticos extranjeros «acreditados ante él» (art. 63.1)
- Manifestar el consentimiento del Estado «para obligarse internacionalmente por medio de Tratados» (art. 63.2)
- «Declarar la guerra y hacer la paz», «previa autorización» —siempre— «de las Cortes Generales» (art. 63.3)

La función simbólica; o la Corona 'es' lo que significa

Entre todos los símbolos políticos imaginables —himnos, banderas, escudos, espadas, bandas, logotipos, cetros y bastones—, la Corona prevalece como el más relevante por cuanto es, además, un símbolo personal.

Más allá de «una realidad material portadora de significaciones inmateriales o algo que, desde un fenómeno, remite a una idea», explica García Pelayo (1968: 21), la Corona:

> Es símbolo en el profundo sentido de una realidad material que hace visible y operante una realidad inmaterial, que condensa o dosifica una realidad o fuerza invisible y sobrenatural y que, por tanto, cancela la separación entre ser y significación, pues *es* lo que significa.

A partir de lo establecido en el artículo 56. 1, el rey —y, por extensión, la Corona— representa, por convención y asociación, una institución, una idea que, apelando más a las emociones que a la razón, apunta hasta tres dimensiones:

a) Sentido mítico; o de la magia de la Corona y la utilidad de su ejercicio

El carácter mítico y sacro de la Corona se remonta al origen de los tiempos. No en vano, se atribuía al monarca la condición de «intermediario entre el pueblo y sus creencias más profundas», lo que explicaría la recíproca fidelidad entre el rey y su pueblo (Sánchez de la Torre, 1983: 451-472).

Hans Kelsen habla de una «gran masa de hombres instintivamente enemiga del pensamiento abstracto [...], necesitada de un símbolo de la autoridad perceptible y sensible» (1979: 392). Y, pese a su carácter alegórico, considera esa función la más importante que pueda atribuirse a la Jefatura del Estado, afirmando que un rey desempeñará esa función con mayor eficacia, «ya que éste vive de las formas externas, que son tradicionales de la monarquía [en referencia a la Corona, el cetro, el trono o el ceremonial] y apoyan esta función».

Max Weber (2012) recuerda que la magia de la Corona ha constituido tradicionalmente un título de legitimidad, advirtiendo, no obstante, que, en democracia, la verdadera vía de legitimidad de la monarquía reside en «la utilidad de su ejercicio».

b) Sentido institucional; o de cómo conjugar la representación simbólica del Estado y la de los pueblos que la integran sin perder su personalidad

La dimensión simbólico-institucional de la Corona se concreta en el artículo 56, al señalar que el rey «es símbolo de la unidad y permanencia del Estado». La palabra Estado —del latín *status*— remite, a su vez, etimológicamente, a la idea de estabilidad; a aquello que, sin alteración, se mantiene en el tiempo. El hecho de que la figura del rey se presente como símbolo de «permanencia» no hace sino insistir en esa condición.

De otro lado, el monarca se muestra como símbolo de «unidad». En su calidad de jefe del Estado, ocupa una situación de preeminencia institucional que hace obligada su participación en las más importantes decisiones, sirviendo así de punto de convergencia para el resto de órganos estatales.

Y, habiendo valido históricamente de instrumento aglutinador de las diferentes regiones que secularmente constituyeron la monarquía española, esta expresión simbólica de unidad cobra una especial significación en el actual Estado de las autonomías, conjugando «la representación simbólica del Estado, como magnitud histórica —dice Herrero de Miñón (1996: 48)—, y también la de los pueblos que, sin perder su personalidad, la integran». Porque, si bien la Constitución no llegó a incluir referencia expresa a la «unidad politerritorial del Estado», el constituyente «no dejó de reconocer esta función de la monarquía».

c) Sentido integrador; o el rey legítimo simboliza la tradición histórica de los valores políticos comunitarios; o de su formal indiferencia respecto de la refriega partidaria

La Corona se presenta como símbolo de cohesión política de la sociedad. Tal atributo, derivado de su condición de estabilidad y permanencia, hace de la monarquía un eficaz vínculo del pueblo con la tradición, al tiempo que opera como factor de autorreconocimiento de la identidad colectiva de la ciudadanía con el presente.

Desde su teoría de la integración (*integrationslehre*, 1928), Rudolf Smend sostiene que «el rey legítimo simboliza básicamente la tradición histórica de los valores políticos comunitarios»; rol que en una república solo podrían desempeñar figuras históricas, o incluso míticas —dice Smend— como Guillermo Tell, leyenda de la independencia suiza del s. XIV, o Arnold von Winkelried, héroe de la victoria confederada.

Al mencionado papel integrador de la Corona contribuye decisivamente su posición equidistante, su manifiesta indiferencia respecto de la refriega partidaria.

El rey, símbolo del Estado y de la unidad nacional, pero dotado de concretas competencias; o el rey no se equivoca porque los símbolos no yerran

El constituyente español concibió la figura del rey, no solo como jefe del Estado, sino como «símbolo de su unidad y permanencia» (art. 56.1), conservando los elementos alegóricos que siempre han acompañado a la Corona.

De esta conceptualización se deduce que «el rey no puede hacer el mal», por cuanto el rey es un símbolo. El constituyente hacía suyo el aforismo de la tradición inglesa, según el cual *the king can do not wrong*—el rey es un símbolo y los símbolos no yerran— y, por ende, «la persona del rey es inviolable y no está sujeta a responsabilidad» (art. 56.3). En justo equilibrio, se incorporó al ordenamiento constitucional el segundo principio que inspira el modelo británico, según el cual *the king can not act alone*—el rey no puede obrar solo—. De ahí la *irresponsabilidad* del monarca, condición resuelta en nuestra Constitución a través de la institución del refrendo (art. 64). Se compensa así la irresponsabilidad del rey con la responsabilidad de los miembros del Gobierno (o del Parlamento) designados para refrendar sus actos.

La conceptualización de la Corona como *símbolo* del Estado y de la unidad nacional sirvió para limitar al máximo la intervención del rey en el proceso efectivo del poder. Explica Herrero de Miñón (1996: 50) que el constituyente optó por una vía intermedia. Al presentar al rey como «*símbolo* y no *representante*, se evitaba poner las premisas de una acumulación de poder que, sobre una base tácitamente democrática, hubiera resucitado el *principio monárquico* y convertido al rey en el órgano preeminente de la soberanía nacional». Pero cierto es también que del artículo 56.1, al establecer que «el rey ejerce las funciones que expresamente le atribuyen la Constitución y las leyes», no se deduce precisamente una autoridad meramente protocolaria, exenta de función o encomienda alguna.

¿Qué hará el rey si no gobierna?; o la teoría de la veleta en el campanario, la del cochon engraissé *o, mejor, la trilogía de Bagehot:* the right to be consulted, the right to encourage, the right to warn

A partir de la célebre frase con que el historiador y político francés Louis Adolphe Thiers resumió la evolución histórica de poder de los reyes —«el rey reina, pero no gobierna»—, tanto los defensores de la monarquía como sus más fervientes detractores se preguntaron ¿qué le quedará al reinar si se le quita el gobernar?

De Vega definía la Corona como un «poder supremo asentado en el ámbito de la *auctoritas*» que remite estrepitosamente en el ejercicio concreto de cualquier tipo de potestad.

Durante la legislatura constituyente (13/7/1977-2/1/1979), los defensores del *principio monárquico* reivindicaron los poderes de la Corona imbuidos por la nostalgia de la *prerrogativa regia*; facultad que, durante la Restauración, permitía al rey nombrar y destituir libremente al presidente del Consejo de Ministros. Correspondía al monarca la concesión al Gobierno del decreto de disolución de las Cortes o de suspensión de las sesiones parlamentarias, así como el derecho a la «información, inspección y control último de los actos del Ejecutivo mediante la concesión o negativa de su firma a los correspondientes reales decretos», dice Calero (1987: 278) evocando la Constitución de 1876, en la que el rey, siendo cosoberano, contaba con poder constituyente: «compartía con las Cortes el Poder Legislativo, mediante la iniciativa legal, la sanción, la disolución y suspensión, y el nombramiento de una parte de senadores».

Por su lado, los partidarios del *principio democrático* manifestaron que una Jefatura de Estado sin potestades efectivas sería «una formulación retórica o un inmenso engaño» (De Vega: 217).

Entre metáforas del tipo «un rey que reina, pero no gobierna, no es más que una figuración que, como la veleta del campanario, se coloca en las alturas para que nadie se ocupe de ella», formulada por el filósofo y político conservador alemán Friedrich Julius Stahl. Y los gritos injuriosos de «erráticos demócratas del populismo bonapartista del segundo imperio» —diría De Vega— del estilo «un jefe del Estado sin poderes efectivos no es más que un *cochon engraissé*» (en román paladín, un cerdo cebado). Entre todos ellos, destaca un perspicaz Benjamin Constant, comprendiendo en su complejidad el significado de ese poder del rey que, como expresión de la *auctoritas*, se había transformado con el paso del tiempo en un poder *simbólico* «cuyas facultades [...] sintetizó Walter Bagehot (1968: 67) en la clásica trilogía: *The right to be consulted, the right to encourage, the right to warn*».

Atribución de competencias legales, expresas y específicas

El apartado primero del artículo 56 señala que el rey «ejerce las competencias que expresamente le atribuyen la Constitución y las leyes». No estamos, por tanto, ante una jerarquía exclusivamente *formal*. El legislador configura la institución, defiende Herrero, como «una magistratura constituida y dotada de competencias *tasadas* —al tiempo que se deduce— no caben poderes *ilimitados*».

Pero esta fórmula requiere una precisión, por cuanto la atribución de potestad debe ser primero legal, segundo expresa y tercero específica.

De entrada, la remisión a las leyes, como normas que atribuyen las competencias al rey, no debe interpretarse en sentido literal, es decir, a todas y cada una de las leyes que conforman el ordenamiento jurídico. García de Enterría (1974: 285) considera que la remisión a la ley lo es al *principio de legalidad*, con la única intención de «hacer coherente el sistema legal, que —ha de suponerse— responde a un orden de razón y no a un casuismo ciego».

De otro lado, la atribución de funciones ha de ser expresa. No cabe deducirse del «silencio de la norma» y debe interpretarse —dice Herrero de Miñón— «a través de la doctrina de los *poderes inherentes* o *implícitos* acuñada en el derecho constitucional». De lo contrario, no podría entenderse —por ejemplo— la competencia regia de expedir los decretos del Gobierno sin la facultad de examinar previamente su legitimidad; del mismo modo que, siendo misión del rey arbitrar el funcionamiento regular de las instituciones, ejercer con discrecionalidad absoluta las competencias estrictamente arbitrales parece lo más apropiado. Y así, en el ámbito diplomático, a la representación exterior de los intereses del Estado que compete al jefe del Estado corresponde necesariamente un derecho de información previa, relativo a la política exterior del Gobierno.

Finalmente, siendo incuestionable que toda atribución de potestad, para ser legal, ha de ser específica, no es menos cierto que las 'cláusulas generales de apoderamiento' permiten el reconocimiento de competencias no ilimitadas, pero sí genéricas, a los órganos del Estado.

Cláusulas generales de apoderamiento

La atribución de potestad a la Administración ha de hacerse de forma expresa, y puede ser genérica o específica. En determinadas situaciones el legislador decide aplicar una cláusula general que delimite un ámbito de actuación dentro del cual puede operar, atribuyendo así a un órgano del Estado un poder no ilimitado, pero sí genérico.

En resumen, si bien toda atribución de potestad a cualquiera de los órganos de la Administración ha de ser legal, expresa y específica, esta última condición queda matizada por las mencionadas cláusulas; disposiciones que, en el caso que nos ocupa, permiten atribuir competencia al rey sobre un ámbito tan indeterminado como determinable de la realidad. Ejemplo de tal atribución general de potestad es el mandato que la Constitución hace al rey de moderar y arbitrar el regular funcionamiento de las instituciones.

Parte de la doctrina considera irrelevantes, desde el punto de vista jurídico, las competencias del artículo 56.1, atribuyéndolas un carácter exclusivamente político, y considerando que arbitrar y moderar no son en puridad competencias: unos las consideran funciones latentes de índole política; y otros entienden que estamos ante meros enunciados generales, pendientes de concretar en las competencias del mencionado artículo 62. No es el caso de Herrero, a cuyo juicio «ambas acciones [moderar y arbitrar] contienen una cláusula *general* que no precisa el alcance de la competencia atribuida, aunque sí el fin de ésta y el modo que ha de presidir su ejercicio».

Cuando la Constitución atribuye al rey la moderación y el arbitraje para asegurar el «funcionamiento regular de las instituciones», se está formulando el encargo de mantener el sistema constitucional, su estructura y disposición; pero, en absoluto, su modificación y, menos aún, su revocación. Nunca podrá el rey decidir en contra del fin que precisamente justifica su competencia arbitral, por mucho que pueda verse en la tesitura —en tanto árbitro— de decidir discrecionalmente, de forma autónoma y soberana, en términos políticos.

Y es que, recuerda Herrero, lo que se atribuye al monarca «no es el ejercicio directo de los poderes públicos [...], sino la moderación y el arbitraje entre los mismos». No corresponden al rey potestades de Gobierno, pero gracias a esta cláusula de apoderamiento, el monarca «puede y debe moderar su ejercicio a través de los cauces constitucionales establecidos al efecto». Herrero da incluso un paso más al considerar que «la situación de *crisis suprema* llevaría al rey a suspender por el tiempo necesario su función arbitral para convertirse en actor político, pasando de arbitrar las distintas opciones que se barajen a una oportuna toma de decisiones». Hipótesis que remite de forma inequívoca a los sucesos acaecidos en el Congreso de los Diputados el 23 de febrero de 1981.

Influencia y decisión

La práctica pone de manifiesto un desempeño de actividades moderadoras y arbitrales que superan el ámbito de las competencias tasadas del artículo 62.

Se observa fácilmente el ejercicio de la moderación en la llamada a consultas de los líderes de los partidos políticos de cara a la formación de gobierno, como también la competencia arbitral en los mensajes que pronuncia el jefe del Estado ante las Cortes. Actividades ambas que, en opinión de Herrero, solo en las mencionadas cláusulas generales encontrarían fundamentación constitucional.

De este modo, limitar el ejercicio de la función arbitral y moderadora a una interpretación reduccionista de los actos descritos en el artículo 62, y entender estos automáticamente determinados positiva y negativamente por el refrendo del Gobierno, vacía de contenido la función del jefe del Estado.

De Esteban y López Guerra (1982: 41) interpretaban en aquellos primeros años de reinado de don Juan Carlos que sería la práctica política la que, dentro de los parámetros de la Constitución, estableciera al fin el papel del rey. Pero, recordando su actitud «protagonista» durante la Transición y el prestigio político alcanzado, nada habitual, se aventuraban a afirmar que el papel arbitral del rey, si bien limitado en la letra de la Constitución, cobraría una relevancia insólita dada la posición 'moral' del rey. Y en consecuencia, y de ella derivada, la «especial fuerza de sus consejos y decisiones».

Las competencias del artículo 62 habrían de ejercerse «de manera tal que la influencia en que la tarea de moderar consiste y la decisión que la función arbitral requiere resulten posibles». Tanto la doctrina como la práctica comparada convienen en que «reinar sin gobernar significa no sólo simbolizar e integrar, sino también —y para ello— representar, moderar y arbitrar», dice Herrero.

LA FUNCIÓN MODERADORA; O «EL REY REINA, PERO NO GOBIERNA» INCLUYE MODERAR Y ARBITRAR

La cualidad de *moderador* define en abstracto el poder que la Constitución encomienda al monarca (Calero, 1987: 278). No obstante, ha de diferenciarse la más específica función «moderadora» que contiene el artículo 56.

La acción de moderar, dice la RAE, remite a la idea de «templar, ajustar, arreglar algo, evitando el exceso». De esta forma, la tarea del rey, en sintonía con la doctrina de Constant (1970), vendría a concretarse en la vigilancia del «funcionamiento regular de las instituciones» (art. 56.1) y en contribuir, en su caso, a la contención o atenuación de toda suerte de impulsos, fricciones y abusos que puedan producirse entre los distintos poderes.

Para el término arbitrar, la Academia contempla hasta seis significados. Cinco de ellos remiten a la palabra arbitrio; a la capacidad, en fin, de «proceder libremente», sin depender de terceros.

Diríamos, en resumen, que la acción de moderar se orienta a reconducir posibles extralimitaciones; entre tanto, el arbitraje apunta, en su tercera acepción, a la acción de «resolver, de manera pacífica, un conflicto entre partes». El aforismo «el rey reina, pero no gobierna» incluye moderar y arbitrar (Jiménez de Parga, 1983: 11-127).

La tarea de moderación lleva también consigo que el rey no ejerza competencia gubernamental alguna. Superada la prerrogativa regia, y en vigor el *principio democrático*, los ministros, lejos de ejercer como consejeros del monarca, adquieren el poder de gobernar.

Esta función moderadora opera en dos planos —informal e institucional— concebidos no obstante como partes integrantes de un todo. Corresponde un ejercicio informal de la moderación, ligado al concepto de *auctoritas*, una capacidad de influencia que emana de la preeminencia que le corresponde en razón de su magistratura, y a la que sin duda colaboran su personal prestigio, la apoliticidad de su persona, su permanencia en el cargo y la irresponsabilidad de su función (De Esteban y González-Trevijano, 1994: 103).

LA MODERACIÓN INFORMAL

Para el cumplimiento de la moderación informal, el rey dispone de las tres célebres tareas que Bagehot (1968: 104) atribuía al rey de Inglaterra: el derecho a animar o estimular, el derecho a advertir y el derecho a ser consultado; esto es, la denominada «parte eficiente» de las competencias de la Corona.

Obviamente, para facilitar su cumplimiento, el Gobierno ha de proporcionar al rey información de los «asuntos de Estado» (art. 62g). A estos efectos, se institucionalizó en 1982 un despacho semanal con el jefe del Ejecutivo en el Palacio de la Zarzuela. La reunión se mantiene, desde entonces —con desigual frecuencia, bien es cierto— sin acompañantes ni asesores, de forma discreta y sin cobertura de medios.

Precisará asimismo el monarca unos medios administrativos adecuados (art. 65, en relación con «su Casa») que faciliten este desempeño. Solo en estas condiciones, el rey podrá ejercer su encomienda de moderación informal, bien en respuesta a una petición de consejo formulada por otro órgano del Estado; bien cuando, *motu proprio*, ejerza su derecho de advertir o estimular; bien cuando, por iniciativa propia, requiera el dictamen de otros órganos del Estado.

Es importante reseñar que el rey lleva a cabo su derecho de consejo, en toda ocasión, de modo verbal, evitando así hipotéticas interpretaciones que en nada pudieran corresponderse con la voluntad del monarca y eludiéndose el riesgo de que sus palabras, fuera del contexto espacio-temporal original, pudieran entenderse como una intromisión o injerencia en las tareas de Gobierno.

LA MODERACIÓN INSTITUCIONALIZADA

Al tiempo, corresponde al monarca una moderación institucionalizada que, en oposición a la función arbitral, será reservada y discreta, no debiendo trascender su ejercicio a la opinión pública.

Pese a que, mayoritariamente, los actos del rey son actos debidos, a los que no cabe oposición, el monarca podrá manifestar su parecer en torno a la oportunidad de la iniciativa del Gobierno. Su dictamen no alcanzará la condición de vinculante, aunque sus juicios o consideraciones deben ser atentamente escuchados. Al margen de su opinión, su práctica estará siempre cubierta por la responsabilidad del Ejecutivo, por cuanto no corresponde al rey el ejercicio directo de los poderes públicos, sino «la moderación —informal o institucionalizada— de los mismos» (De Esteban y González-Trevijano, 1994: 104).

El ejercicio de la *auctoritas*; o de cómo un primer ministro está obligado a escuchar con deferencia a su rey y responder a cualquiera de sus propuestas

Fruto de la *auctoritas*, la moderación se traduce en un ejercicio de influencia, pero no es un poder de decisión. De este modo, cuando advierte o estimula, el rey aconseja, pero no ordena. Su juicio nunca será vinculante, aunque, obviamente, su alta dignidad otorga al consejo regio una consideración superior a la de cualquier otra instancia, convirtiéndolo en altamente persuasivo.

En el día a día, la moderación se ejerce bien en los despachos que el rey mantiene asiduamente con los responsables de las instituciones, especialmente con el Gobierno, aunque no exclusivamente; bien mediando en los conflictos que puedan suscitarse entre las formaciones políticas, haciendo uso de su prestigio. Una tarea, la de mediador, que no se hace expresa en el artículo 62, pero que ha de entenderse tácitamente contenida en el artículo 56.1.

En opinión de Herrero (1996: 54-55), «la Constitución no puede especificar la *influencia*, pero debe establecer cauces e instrumentos para su ejercicio»; y considera apropiado para ello una medida de potestad. No en vano, «tanto en Inglaterra como en las monarquías continentales —a excepción de Suecia, desde 1974—, todos los poderes ejecutivos se atribuían a la Corona, aunque en la práctica fueran ejercidos por el Gobierno» (Herrero, 1996: 54-55). Esta condición permitía a su titular desplegar eficazmente la función moderadora, gracias a la autoridad derivada de un poder que, si bien no era ejercido directamente por el monarca, en la práctica diaria, tampoco le había sido substraído formalmente «y se proyecta sobre su titular efectivo, el Gobierno».

Herrero invoca también el *Moniteur belge* (1949) como uno de los más reputados estudios en torno a la monarquía parlamentaria y la aplicación de los principios constitucionales relativos al ejercicio de las prerrogativas del rey. Este texto es clave para entender el significado de la monarquía parlamentaria en la actual Europa democrática y, concretamente, en España (art.1.3 CE).

En línea con la tendencia comparada, la Constitución de 1978 sustantiva la función gubernamental, separándola del poder moderador del monarca. El rey resulta así «símbolo, representante, moderador y árbitro», pero «no gobernante» (Herrero, 1996: 55); aunque, precisamente por ello, el mantenimiento de su *auctoritas* requiere el fortalecimiento de aquellos cauces a través de los cuales puede el rey ejercer su *influencia*. Entre ellos, destacan, siguiendo a este autor: 1) El derecho a la información en todo lo que concierne a las materias de Estado (art. 62g); condición que se concreta en los despachos que el rey mantiene con representantes de las instituciones —Gobierno, oposición, Administración, agentes económicos y sociales, etc.—, así como en el acceso a las disposiciones del Consejo de Ministros, incluida su asistencia ocasional. Y 2) El ejercicio de cuantas competencias le atribuyen la Constitución y las leyes. Y así, la necesidad de un acto formal de la Corona para que el Gobierno lleve a término una determinada actuación hace efectivo el concurso del rey en el ámbito de las competencias ejecutivas, una participación que permite al monarca pedir explicaciones y formular advertencias.

Los reyes democráticos han perdido la gobernación del reino, en idéntica proporción que han asumido la función moderadora, pero tal práctica de moderación precisa de una participación verdadera y efectiva en la toma de decisiones. Y, siendo como es una cuestión de influencia, que no de poder, la competencia parece para ello la vía más apropiada. De este modo, cuando el rey ejerce una competencia, sea o no un acto de gobierno, estaremos siempre ante un acto complejo en el que convergen la voluntad del monarca y la del Ejecutivo, obligado a refrendar lo que formalmente es un acto de la Corona.

Por diferentes motivos, la relación entre el Ejecutivo y la Jefatura del Estado (Casa de Su Majestad) exige prudencia y consideración por ambas partes, de modo que «ni el rey debe verter públicamente opinión alguna sobre materias de Gobierno», ni el Gobierno puede «colocar al rey ante una situación de hechos consumados que le nieguen la posibilidad de ejercer su competencia de moderación y su capacidad de influencia», advierte Herrero de Minón (1996: 55).

Recursos para el ejercicio de la función moderadora; o el rey tiene el deber de formarse una opinión sobre los asuntos de Estado y, a tal fin, debe poder asesorarse mediante colaboradores privados, ajenos a la lucha política

El ejercicio del poder moderador requiere el apoyo de instituciones independientes que, en el caso español, se limitan a una modesta secretaría particular (art. 65).

Independientemente de la asistencia que le dispensen en cada materia los ministros del Ejecutivo, el monarca precisa el auxilio de una infraestructura propia y adecuada que coadyuve eficazmente al cumplimiento de su misión. Solo de esa forma podrá desplegar su capacidad de aconsejar o advertir, de animar o estimular, y aprovechar debidamente la de ser informado, haciéndolo, además, de un modo independiente. Análisis de datos, valoración de la actualidad, preparación de entrevistas y despachos, recepciones, viajes, elaboración de intervenciones y discursos, etc., son solo algunas de las tareas propias de un gabinete técnico propio de cualquier jefe de Estado.

El *Moniteur belge* (1949), considerado uno de los más afinados trabajos para comprender el sentido y significado de la monarquía parlamentaria, señala el «deber» del monarca de «formarse una opinión personal sobre los asuntos que se le someten», precisando para ello asesorarse mediante colaboradores privados, ajenos a la lucha partidaria:

> Si no pudiera ser asesorado más que por los ministros, que casi siempre representan una fracción de la opinión pública, la función real correría el riesgo de ser absorbida por la función ministerial y el rey tendría gran dificultad en cumplir su alta misión de conciliador entre los partidos (1949: 7598).

El Consejo de la Corona en el debate constituyente español; o que el rey no decida en solitario, según su 'real' antojo, sino después de oír a su Consejo; o entre los dones del Espíritu Santo figura el don del *buen consejo*

La necesidad de instituciones neutrales que facilitaran al monarca un ejercicio independiente de su misión moderadora fue objeto de discusión en los debates constituyentes.

El portavoz del Grupo Parlamentario de Alianza Popular, Laureano López Rodó, propuso la creación de un consejo, por cuanto «la Corona no es la persona física del rey, sino que es más bien un ente moral constituido por el rey con su Consejo» (*Diario de Sesiones,* 29 de mayo de 1978: 2734).

Para argumentar esta propuesta, como hiciera en su día Tito Livio, puso en relación directa la caída de Lucio Tarquinio el Soberbio (534 a. C.-509 a. C.) —séptimo y último rey de Roma— con su costumbre de resolver «por sí solo, sin consejo, cuestiones capitales». Explicó López Rodó la contraposición del *concilium* de los prudentes frente a la *voluntas* de los pretores, y recordó que el Consilium Principis asesoraba a la primera magistratura. Señaló también cómo la monarquía británica —referencia de estabilidad en Europa— mantiene la institución del Privy Council, que es heredera directa del Council of the Crown y del King's Council, sucesivamente.

Se pretendía así evitar que el rey decida en solitario, «según su real antojo, sino después de oír a su Consejo». Propuso López Rodó el nombre de 'Consejo de la Corona'; y, en cuanto a su estructura y composición, sugirió un modelo en el cual destacaría la independencia de sus miembros:

> Los miembros del Consejo de la Corona se han de caracterizar por su independencia, por hallarse por encima de los intereses de los partidos; han de participar, en definitiva, de las cualidades inherentes a la realeza: el sentido arbitral y moderador; hallarse equidistantes de los intereses en pugna, ser también independientes de las Cortes y hallarse desligados de ellas (*Diario de Sesiones*, 29 de mayo de 1978: 2735).

La propuesta otorgaba la presidencia al presidente del Tribunal Supremo, a quien acompañarían el presidente del Consejo de Estado; los presidentes del Congreso y del Senado de la legislatura inmediatamente anterior; el presidente de la Junta de Jefes de Estado Mayor; y el presidente del Tribunal

Constitucional, institución de garantías cuya creación contemplaba ya el proyecto de Constitución. La presencia militar en el Consejo se justificaba en la necesidad de que el rey conociera directa y personalmente el sentimiento castrense «por el conducto reglamentario».

Culminó su intervención el portavoz «popular» recordando que la idoneidad del Consejo de la Corona ya había sido formulada en las bases institucionales de la monarquía aprobadas en Estoril, en febrero de 1946, y que el propio rey Juan Carlos había expuesto las necesidades de asesoramiento de un monarca en una alocución pronunciada al presidir, por primera vez, el 2 de marzo de 1976, el entonces llamado *Consejo del Reino*. «Es esencial a la monarquía verdadera que el poder del rey no sea nunca arbitrario»:

> La esencia y fundamento de la monarquía está en constituir una instancia de poder supremo capaz de estar por encima de los conflictos y tensiones, incluso legítimos, de la sociedad y que sea balanza y equilibrio en el establecimiento de la justicia como moderador y como impulsor; pero en última instancia nunca es la voluntad personal del rey, sino la voluntad institucional de la Corona, la que ejerce la suprema autoridad. Por eso el rey necesita de instituciones como ésta del 'Consejo de Reino' que, a través del asesoramiento, el consejo y el refrendo, hacen que la voluntad del rey sea una voluntad institucionalizada como centro decisorio del Estado.

En apoyo a las tesis de López Rodó, el diputado Fraga Iribarne empezó por recordar lo siguiente:

> Entre los dones del Espíritu Santo de que habla la Teología, figura el don del *buen consejo* como uno de los más importantes [...]. La prudencia, como virtud cardinal y la prudencia política, la solercia, como virtud clave de la hombría de Estado, es y ha sido siempre una pieza clave de la teoría política (*Diario de Sesiones*: 2736).

Más adelante, Fraga argumentó que la Corona es una institución que el derecho constitucional británico describe como «una corporación, una *sole Corporation* que, para cumplir sus funciones arbitrales y moderadoras, necesita el complemento de estos Consejos».

> La Corona inglesa jamás actúa por sí sola. Y así, obra la Corona en el Parlamento —*Crown in Parliament*— cuando se trata de legislar; y opera como Corona en Consejo —*Crown in Council*— cuando rige el Poder Ejecutivo. Pero, en ningún caso, la Corona actúa sola.

LA FUNCIÓN ARBITRAL; DISCRECIONAL, PERO NO AL MARGEN DE LA CONSTITUCIÓN, Y SIEMPRE RESTRINGIDA A CIRCUNSTANCIAS ESPECIALES

Por más que su contenido y naturaleza sean diversas, las funciones *moderadora* y *arbitral* que el artículo 56.1 atribuye al rey no siempre resultan sencillas de distinguir.

La prescripción constitucional no se agota en la moderación del «funcionamiento regular de las instituciones», sino que se le confía también la facultad de «arbitrar», llegado el caso, dicho «funcionamiento regular».

La función arbitral, más vasta que la moderadora, queda no obstante restringida a una coyuntura institucional crítica que corresponderá enmendar o reconducir al jefe del Estado, a la vista de una constatada interrupción del funcionamiento «regular» de las instituciones del Estado.

Así las cosas, el *arbitraje* se diferencia en tres aspectos concretos de la *moderación*: primero, que «el arbitraje es público y no confidencial»; segundo, que si bien precisa un margen de discrecionalidad, no opera al margen de la Constitución, sino al amparo de una atribución general de potestad; y tercero, que su uso corresponde exclusivamente a circunstancias especiales que cuestionan o ponen en riesgo el normal funcionamiento de las instituciones.

Visto el tenor literal de la Constitución de 1978 y la praxis durante casi cinco décadas, se observan tres manifestaciones concretas de la función arbitral:

1) Cuando, a partir de los resultados de las elecciones generales, el rey propone candidato a la Presidencia del Gobierno. Es la función arbitral más evidente (art. 99) y encuentra su verdadero sentido en aquellos supuestos en que el resultado electoral no arroja una mayoría suficiente. Competencia asimismo de naturaleza arbitral, si bien de carácter ineludible, es la disolución de «ambas Cámaras» prevista en el artículo 99.5, cuando «transcurrido el plazo de dos meses, a partir de la primera votación de investidura, ningún candidato hubiere obtenido la confianza del Congreso». En este supuesto convocará el rey nuevas elecciones, en un acto que será refrendado por el presidente del Congreso.
2) Cuando, en situaciones extraordinarias, y en aras de un necesario desbloqueo institucional, hace uso del llamado «poder de reserva» que al rey se le atribuye como jefe de las Fuerzas Armadas, poder que podría ejercerse en situaciones que impidan la actuación del Gobierno, como ocurrió el 23 de febrero de 1981.
3) Cuando ejerce el derecho de mensaje, actuación arbitral que, no reconocida expresamente en la Constitución, ha de incluirse dentro del catálogo de actos interconstitucionales del jefe del Estado. El constituyente prefirió así «dejar a la discrecionalidad regia la oportunidad de su utilización» (De Esteban y González-Trevijano, 1994: 106). Lo cierto es que, transcurridas cinco décadas, la costumbre confiere a estos discursos un ostensible carácter institucional. Y no ha de olvidarse la notoria virtualidad arbitral que, en circunstancias extraordinarias, pueden poseer los mensajes. Fue el caso del discurso que Juan Carlos I dirigió a los líderes de los partidos políticos el 24 de febrero de 1981, tras el intento fallido de golpe de Estado. O el que Felipe VI pronunció el 3 de octubre de 2017 cuando, como él mismo afirmó, se habían «vulnerado de manera sistemática las normas aprobadas legal y legítimamente, demostrando una deslealtad inadmisible hacia los poderes del Estado».

No obstante, al margen de contingencias que pongan en cuestión el «funcionamiento regular de las instituciones», no cabe predicar de los mensajes una intervención arbitral del rey, limitándose a ser «consecuencia de otras de sus funciones, como la simbólica o la representativa», afirman De Esteban y González-Trevijano (1994: 88). Hay que decir también:

> Aunque el Gobierno no los conozca ni los apruebe expresamente, no eximen de este refrendo presunto y, por tanto, salvo que dimita el presidente del Gobierno, significa que los asume y responde de ellos. No cabe otra posibilidad en la monarquía parlamentaria.

Dirección constitucional versus dirección política. El rey y el Gobierno

De cuantas acepciones presenta la RAE del verbo arbitrar, los términos *árbitro* y arbitrio ofrecen una serie de significados perfectamente atribuibles a la actuación del monarca.

En condiciones de normalidad institucional, el rey se limitará a ejercer una tarea de moderación que se materializará en las célebres competencias de aconsejar, estimular y ser consultado.

El arbitraje entrará en juego cuando las instituciones del Estado se vean superadas con el propósito de mantener la marcha acompasada y eficaz que debe caracterizarlas. Y así, incapaces o en dificultades las instituciones de ejercer sobre sí mismas una indispensable tarea de mantenimiento y reajuste, se haría precisa la intervención arbitral del rey prevista en el artículo 56.

Cuando se atiene a moderar, el rey expone su arbitrio con la intención de influir en el ánimo del Gobierno. Y cuando actúa como árbitro, ajeno a la refriega partidaria, asegura el cumplimiento del ordenamiento constitucional, tomando, para ello, decisiones orientadas a satisfacer el anhelo del «poder supremo»; esto es, del cuerpo electoral, fin último de toda competencia regia que algunos autores llaman 'dirección constitucional', frente a la 'dirección política' que corresponde al Ejecutivo. Cada actuación del rey se propone garantizar el Gobierno de la mayoría dentro del respeto a las normas constitucionales. Así ocurre cuando otorga su confianza, cuando aconseja o cuando presta su consentimiento.

La designación del candidato a formar y presidir Gobierno (art. 99) no es la única competencia arbitral de la Corona. A lo largo del proceso, el monarca observará unas formas y unos plazos, consultando con los líderes políticos cuantas veces resulte necesario hasta designar un candidato y posibilitar su investidura parlamentaria. El rey no atenderá más que su propio criterio, tan solo sujeto al refrendo del presidente del Congreso.

En la monarquía constitucional, el rey gobierna a través de los ministros que él designa; en la monarquía parlamentaria, sin embargo, la formación del Ejecutivo se corresponde con la voluntad popular, de la que es reflejo la configuración de las Cámaras, y lo que hace el monarca con su intervención es explicitar que el nuevo Ejecutivo responde a la mayoría parlamentaria y, por extensión, a la voluntad del electorado.

La designación del candidato a la Presidencia del Gobierno es, de este modo, la principal función arbitral del rey, si no la única. No obstante, interesan al monarca, de acuerdo con la Constitución, y también con la costumbre, otras facultades arbitrales que —siguiendo a Herrero (1996: 59)— cabe reducir a dos grandes grupos: 1.º) Las competencias tácitas del artículo 56.1 —en tanto cláusula general—, reveladas gracias a la costumbre; y 2.º) Las competencias arbitrales y disfuncionalmente reguladas en el texto constitucional.

Tampoco pueden olvidarse aquellas otras competencias constitucionales que, siendo típicamente arbitrales, aparecen configuradas como competencias gubernamentales en el texto constitucional, como es el caso del artículo 92, relativo a la convocatoria de un referéndum, y del 115, concerniente a la disolución de las Cámaras.

El recurso al referéndum es así una de las más típicas competencias arbitrales. En esta coyuntura, el rey no decide, sino que sustrae un conflicto suscitado o no resuelto entre los poderes constituidos del Estado y remite su resolución a la fuente de todo poder y de toda competencia, que es la voluntad popular (Herrero, 1996: 62). No obstante, tanto la consulta popular como la disolución de las Cámaras requieren una propuesta del presidente del Gobierno y un acto regio (art. 62b y e) refrendado del que el rey no es autor material (art. 64). La intención del constituyente fue poner ambas competencias en las manos del presidente del Gobierno.

Actos interconstitucionales: el caso de los mensajes regios

Más allá de concretas disposiciones constitucionales, el rey viene desarrollando un conjunto de actos interconstitucionales, entre los que sobresalen los mensajes, ya sean dirigidos a las Cortes —inauguración de la legislatura—, a otras instituciones del Estado —Pascua Militar o apertura del año judicial, entre otros— o a la nación —caso de los mensajes de Navidad—. Se trata así de una institución constitucional que, ignorada en el texto de 1978, se aprecia introducida y afianzada por la costumbre.

La designación del candidato a presidir el Gobierno

Dependiendo del resultado electoral, de la existencia o no de un partido con mayoría absoluta, así como de la constatación de un liderazgo visible, Maurice Duverger (1986: 47 y ss.) propone un ejercicio diverso del arbitraje:

1.º) En el supuesto de que una organización política alcance la mayoría absoluta en el Congreso, con un líder incontestable al frente de la misma, el rey no cuenta con margen alguno para intervenir en la designación, de modo que el arbitraje se modula, dando paso a la moderación. Las consultas del jefe del Estado se mantendrán, si bien obedecerán a otro propósito. Esta fue la circunstancia en las elecciones generales de 1982 (año en que el PSOE consiguió una amplísima mayoría absoluta: 202 escaños de los 350 de que consta el Congreso de los Diputados); 1986 (el PSOE revalidó su mayoría); 2000 (el Partido Popular obtuvo 183 escaños) y 2011 (el PP alcanzó los 186 diputados). Por idéntica razón, no cabe desestimar una propuesta de disolución de las Cámaras formulada por el presidente del Gobierno, salvo que este haya perdido el control de la mayoría que le otorga la confianza. Esta circunstancia se vivió en dos ocasiones durante la primera legislatura constitucional (1 de marzo de 1979-28 de octubre de 1982): 1.ª) La moción de censura presentada por el PSOE contra el presidente Suárez (28-30 de mayo de 1980), que no prosperó (166 votos en contra, 152 favorables y veintiuna abstenciones); y 2.ª) Meses después, cuando se produjo la dimisión del presidente Suárez, el 29 de enero de 1981.

2.º) Si la mayoría resultante carece a todas luces de liderazgo o puede constatarse que en el partido vencedor no existe acuerdo sobre la persona que ha de formar gobierno, la designación del candidato a la Presidencia, en tanto competencia arbitral, cobra especial relevancia. De igual manera, toda petición de disolución de las Cámaras ha de ser analizada con atención, ante una eventual alternativa de gobierno. Corresponde al arbitraje regio celebrar las consultas y elegir la persona o personas capaces de conformar una mayoría gobernante.

3.º) En el supuesto de que ningún partido o coalición alcance la mayoría absoluta, la función arbitral alcanza la envergadura de la moderación, y será el jefe de Estado —y solo él— quien proponga sucesivos candidatos hasta obtener una investidura parlamentaria. Su propuesta irá siempre acompañada del refrendo del presidente del Congreso, quien acreditará la observancia del procedimiento.

El arbitraje. Más allá de la autorregulación del sistema; o el rey, «magistrado para la crisis»

El sistema parlamentario se basa en el gobierno de las mayorías, así como en una continuada conversación con las minorías, dentro y fuera de las instituciones. Y es al rey a quien compete moderar este diálogo, como también adoptar las decisiones que de estos debates se puedan derivar.

Su tarea de arbitraje comienza cuando el sistema no aporta la solución, cuando este carece de capacidad de autorregulación. Sirvan de ejemplo el nombramiento del presidente de Gobierno o la disolución de las Cámaras. Estas misiones arbitrales —muy concretamente la de designar al presidente del Gobierno— se inician, justamente, cuando se ha interrumpido el funcionamiento habitual del sistema, incluso por causas constitucionalmente previstas (Espósito, 1960: 237 y ss.).

Y no pueden dejar de contemplarse oportunidades críticas en que las instituciones pierden incluso la posibilidad de garantizar su propia continuidad, como fue el caso de la intentona golpista del 23 de febrero de 1981. En semejante situación compete al jefe del Estado «adoptar aquellas decisiones tendentes al restablecimiento de la normalidad constitucional» (Herrero, 1996: 66). Incumbe así al rey, en palabras de Carl Schmitt, «decidir en el estado de excepción, núcleo de toda soberanía».

Estados de alarma, excepción y sitio

La Constitución de 1978 prevé hasta tres situaciones de crisis —alarma, excepción y sitio—, a las que acompaña el correspondiente protocolo de actuación. Pero, en todos los casos, da por supuesto el funcionamiento «regular» de las instituciones.

Encarga al Gobierno la declaración del estado de *alarma* y de *excepción* «mediante decreto acordado en Consejo de Ministros» (arts. 116.2 y 116.3, respectivamente) y reserva la declaración del estado de *sitio* a la mayoría absoluta del Congreso de los Diputados (art. 116.4); pero no indica el camino a recorrer ante la posibilidad de que un acto subversivo, una revolución o una agresión exterior ponga en cuestión la vigencia misma del ordenamiento constitucional. Las previsiones del artículo 116 no contemplan una contingencia semejante y dan por supuesto el normal funcionamiento de los poderes públicos, el vigor del Poder Ejecutivo, la continuidad de las Cámaras, etc.

«Si arbitrar es garantizar el orden constitucional —dice Herrero de Miñón (1996: 65)—, la misión arbitral ha de ir necesariamente más allá de la Constitución misma, de modo que se garantice no solo su cumplimiento, sino su propia subsistencia». En cuanto árbitro, lo considera «magistrado para la crisis» y competente para «regir al Estado en aquellos supuestos en que las propias previsiones constitucionales para las situaciones de excepción son insuficientes», posición que, desde aquí, no compartimos.

El 23-F

El golpe de Estado del 23 de febrero de 1981 evidenció la posibilidad de que los poderes del Estado vean interrumpido su ejercicio, haciendo imposible el desarrollo de las competencias gubernamentales previstas en el artículo 116.

La crisis de 1981 mostró, a juicio de Herrero, una brecha constitucional que solo pudo colmar en la praxis el propio rey. En tales casos, corresponde al jefe del Estado sustituir al Parlamento y aportar una solución, con la ayuda de un Ejecutivo *ad hoc* basado en su confianza. El rey resulta competente para encarar una situación de excepción cuando las previsiones constitucionales resultan insuficientes. Pero su legitimidad constitucional no puede buscarse en la «fuerza normativa de los hechos» o en su «corrección política», sino en una adecuada interpretación jurídica. Este autor invoca, en este sentido, dos argumentos doctrinales. En primer lugar:

> En un régimen parlamentario corresponde al jefe del Estado declarar o dar forma a la voluntad suprema y decisiva del Estado, haciéndola obligatoria para la comunidad; y ello, incluso, cuando este lo hace en condiciones tales que la sustancia material de la decisión no se corresponde con la titularidad formal de la función (Crisafulli, 1958: 169).

Ejemplos de la función *declarativa* del jefe del Estado son, en general, la titularidad de las máximas funciones de Estado; y, en particular, la promulgación de las leyes o la expresión del consentimiento estatal en el ámbito de competencias que pueden leerse en el artículo 62 de la Constitución. Y así, desde un punto de vista dogmático, puede señalarse que «corresponde al rey la declaración de la suprema y vinculante voluntad estatal en tales condiciones, que dicha voluntad sirva al funcionamiento constitucionalmente previsto de los poderes constitucionales y a la voluntad nacional de la que éstos son cauce».

No obstante, en opinión de Herrero:

> Cuando una fuerza mayor hace imposible el cumplimiento de esa declaración de voluntad, el titular de la misma no sólo puede, sino debe hacer las declaraciones procedentes para que la voluntad soberana de la Nación y sus cauces de expresión constitucional sean, primero respetados y después restablecidos.

De otro lado, una parte de la doctrina extranjera (Espósito, 1960: 237 y ss.) afirma que, en situaciones de crisis, el jefe del Estado es «titular formal de buena parte del Poder Ejecutivo [...], titularidad que, convencional o legalmente, ha de compartir con sus ministerios e, incluso, en muchos casos, ser substituida por la competencia política de éstos» (Herrero, 1996: 67). Existiría así «una Constitución formal durmiente y una Constitución convencional, adquiriendo plena vigencia la primera cuando las condiciones de la crisis política impiden el funcionamiento de la segunda» (Herrero, 1996: 67).

Esta idea evidenciaría los riesgos de una desmesurada racionalización, de tal suerte que, al despojar al rey de la titularidad formal del poder ejecutivo, se impediría que, en una situación de crisis del sistema parlamentario, la más alta magistratura del Estado esté en condiciones de adoptar las decisiones necesarias para superar la crisis.

La crítica bien podría dirigirse a nuestra Constitución de 1978, si no fuera por las cláusulas generales del artículo 56 y parte de las competencias atribuidas expresamente a la Corona en el artículo 62. Especialmente una: la jefatura suprema de las Fuerzas Armadas (art. 62h) en relación con la función de las mismas (art. 8) y con el juramento del rey (art. 61).

No sin cierta ironía, afirma Herrero que la «dictadura constitucional» del artículo 16 de la vigente Constitución francesa —que los constituyentes españoles estimaron peligrosa— se ha substituido por la «invocación al guerrero». Y continúa diciendo: «Para bien de la coherencia institucional, el jefe del Estado es quien ejerce el mando de las Fuerzas Armadas y, en consecuencia, en caso de crisis, es el primero de los guerreros invocados por la propia Constitución».

FUNCIONES ESPECÍFICAS

Al tiempo que funciones genéricas, el artículo 56.1 de la Constitución española confía al jefe del Estado tareas específicas: las que «le atribuyen expresamente la Constitución y las leyes». Se trata de un grupo de atribuciones 'tasadas' que el rey no puede trascender, si bien leyes ulteriores pueden matizar en un sentido o en otro. Funciones, en este sentido, 'abiertas', que permiten sumar nuevas competencias a las ya reconocidas, especialmente las que pueden leerse en los artículos 62 y 63.

Todas estas funciones se relacionan con el resto de poderes del Estado. No en vano, la particularidad fundamental de la monarquía parlamentaria estriba en la implicación del rey en el funcionamiento de las instituciones, junto al resto de órganos del Estado.

Partiendo de la consideración del jefe del Estado como una «especie de presidente de los órganos constitucionales del Estado» —en expresión de Santi Romano (1928: 52-181)—, De Vega afirma que en la monarquía parlamentaria tal condición se hace más presente, si cabe. De este modo, si en la naturaleza del poder moderador reside la garantía del «funcionamiento regular de las instituciones», todo su ejercicio habrá de entenderse en relación con los otros siete poderes del Estado que observa la Constitución. Por esta razón, las atribuciones específicas reconocidas al poder moderador habrán de considerar siempre los otros poderes. A saber: el poder electoral («la soberanía nacional reside en el pueblo español, del que emanan los poderes del Estado» [art. 1.2]); el poder corrector (Tribunal Constitucional); el poder ejecutivo (Gobierno y Administración); el poder parlamentario (de un lado, la sanción, promulgación y mandato de publicación de las leyes y, de otra, la convocatoria y disolución de las Cámaras); el poder judicial (la justicia se administra en su nombre); el poder constituyente constituido (con el trámite de la convocatoria del referéndum, así como disolución, convocatoria de elecciones y convocatoria de las nuevas Cortes Generales y promulgación de la reforma constitucional); y el poder autonómico (los presidentes de las comunidades autónomas, elegidos entre sus miembros por sus respectivas Asambleas, «serán nombrados por el rey» [art. 152.1]).

Dentro de las atribuciones que al rey corresponden en cuanto a los distintos poderes del Estado, destacamos por su importancia y relación con las funciones moderadora y arbitral, la denominada «función militar».

El mando supremo de las Fuerzas Armadas; o de la mutación de su naturaleza simbólica en *ultima ratio* de la Constitución y del Estado

La conjunción de los artículos 62h y 8 de la Constitución nos llevaría a colegir que la carta magna confiere al rey «el mando supremo de las Fuerzas Armadas», siendo la misión de estas últimas «garantizar la soberanía y la independencia de España, defender su integridad territorial y el ordenamiento constitucional».

El alcance de esta reunión de atribuciones invitaría a calificar al rey de *ultima ratio* en defensa de la Constitución y del Estado, en perfecta sintonía con lo establecido en el artículo 61.1 de la propia norma fundamental. Sin embargo, y a la vista de otras consideraciones no menos importantes, hemos de preguntarnos si la atribución mencionada comprende el «mando» *verdadero* de las Fuerzas Armadas o, lejos de ello, estamos ante un atributo estrictamente *simbólico*, vinculado de forma inseparable a su posición preeminente en la cúpula organizativa del Estado.

En puridad, la condición de *parlamentaria* que la Constitución de 1978 otorga a la monarquía española no permite sino interpretar que «el mando supremo de las Fuerzas Armadas», que el artículo 62h encomienda al rey, es una atribución de carácter simbólico.

De hecho, la prescripción del artículo 62h es un remedo literal del artículo 6 de la LOE de 1967 —que establecía: «El jefe del Estado [...] ejerce el mando supremo de los Ejércitos de Tierra, Mar y Aire»— y resulta vacía de contenido a la vista de lo establecido en otros artículos de la Constitución. Se trata así de una ficción jurídica, por cuanto, siendo obligado el refrendo de los actos del rey, «la medida adoptada la toma exclusivamente el refrendante, nunca el refrendado» (De Esteban y González-Trevijano, 1994: 119-120).

Asunto diferente es el 'derecho de consejo' que asiste al rey sobre la idoneidad de las decisiones que se pretendan adoptar. Y en este sentido, la función moderadora del monarca se desarrolla a partir de los siguientes preceptos constitucionales: artículo 97, que encomienda al Gobierno la dirección de la política «militar y la defensa del Estado»; artículo 63.3, donde se dispone que «al rey corresponde [...] declarar la guerra y hacer la paz», aunque estableciendo como condición «previa» la «autorización de las Cortes Generales»; artículos 8 y 116 que, puestos en relación, encargan al Gobierno de la nación «garantizar la soberanía e independencia de España», así como «defender su integridad territorial y el ordenamiento constitucional». Custodia que irá antecedida de una preceptiva autorización o declaración del Congreso de los Diputados, a través de los estados de excepción y sitio.

En los supuestos apuntados, el rey se limita, en ejercicio de la función moderadora, a plasmar su firma en cuantas disposiciones relativas a la actuación de las Fuerzas Armadas hayan sido adoptadas por otros órganos del Estado.

Ahora bien, el «mando supremo de las Fuerzas Armadas» (art. 62h) puede mudar su naturaleza originariamente *simbólica* en un mando práctico y verdadero en circunstancias anómalas. Superando así la función moderadora, el rey haría uso de su papel arbitral «como *poder de reserva* cuando se ha producido el bloqueo de las instituciones del Estado» (De Esteban y González-Trevijano, 1994: 120).

De tal forma, en el supuesto de una situación de insumisión o rebeldía del Ejército, como la suscitada en España el 23 de febrero de 1981, el rey, en su condición de árbitro, estaría en situación de conminar a las Fuerzas Armadas a mantener una determinada actitud, en tanto que su jefe supremo. Una potestad que requiere —en opinión de estos autores— la coincidencia en el tiempo de tres circunstancias: 1) que medien unas circunstancias críticas para la evolución democrática del país; 2) que, imposibilitado el Gobierno en su función ejecutiva, el rey proceda —sin refrendo expreso posible— como, en libertad, habría hecho el Gobierno; y 3) que la resolución que adopte se vea asistida por la publicidad y el apoyo de la voluntad popular. Tan solo en un caso semejante resultaría aplicable la competencia en origen simbólica que la Constitución reconoce al jefe del Estado en su artículo 62h.

EL DEBATE CONSTITUYENTE ESPAÑOL

Las funciones de la Jefatura del Estado merecieron un debate específico en la legislatura constituyente. La ponencia, la Comisión y el Pleno de las Cortes dedicaron distintas sesiones a discutir la idoneidad y el alcance de cada una de las competencias que asumiría el «nuevo» jefe del Estado. Plasmadas finalmente en el título II «De la Corona»: «El rey [...] arbitra y modera el funcionamiento regular de las instituciones» (art. 56.1).

El rey, al margen de la lucha partidaria; o los políticos triunfan o fracasan y el rey se mantiene fuera de la contienda política, al margen de premios o castigos

La supervivencia de la monarquía encuentra explicación en su posición ajena a la política y al Gobierno de turno, y así, explica Aragón, la razón de la permanencia y compatibilidad de esta forma tradicional en democracia es su ejercicio neutral y prudente, «y no el decisionismo activista». De forma que «hacer que el Derecho ampare esa concepción de la monarquía [...] es, simplemente, apostar de modo decisivo por su supervivencia». Precisamente por su valor, dice Aragón, conviene preservar a la monarquía:

> Los partidos se turnan en el poder, el rey permanece; los gobernantes se desgastan, el rey dura; los políticos triunfan o fracasan, el rey está fuera de la contienda política, al margen de premios o castigos. Y ello es así porque no ejerce el poder. Y ahí reside el mejor seguro para que se cumpla la característica más genuina de la monarquía: la continuidad. En una sociedad de hombres libres, la continuidad de la monarquía se hace posible reinando y no gobernando.

La Comisión de Asuntos Constitucionales y Libertades Públicas escuchó el 11 de mayo de 1978 la defensa de la monarquía que en nombre de Alianza Popular (AP) formuló su portavoz, Laureano López Rodó, quien abogó por el sistema hereditario como «el único que pone la más alta magistratura del Estado al abrigo y al margen de las pasiones y de las controversias políticas» (*Diario de Sesiones*, 11 de mayo de 1978: 2207). Representando el rey a la nación y a todo el pueblo, no podría este deberse a un determinado partido o coalición, o a los votos de una facción. El rey había de estar fuera de toda discusión y controversia.

En nombre de la Unión de Centro Democrático (UCD) —y en respuesta a una intervención del diputado Heribert Barrera i Costa—, Miguel Herrero y Rodríguez de Miñón condicionó la viabilidad de la monarquía a la necesidad de que el proyecto constitucional no contemplara la Corona como un órgano de gobierno, la única forma en que la institución no sustraería parcelas de poder a la soberanía popular. Bien al contrario, la Corona vendría a garantizar el ejercicio del poder a los órganos constitucionalmente establecidos y democráticamente elegidos. Proponía, en suma, un órgano arbitral con una doble función moderadora y simbólica, que «en ningún sentido obstaculiza la tarea del Gobierno» (*Diario de Sesiones*: 2212).

Otra intervención reseñable fue la de Antonio Carro Martínez, diputado de Alianza Popular. Carro vino a matizar una alocución anterior del diputado José Pedro Pérez Llorca, de UCD, quien había calificado a Maquiavelo de padre de la dicotomía monarquía-república. Efectivamente, *El príncipe* de

Maquiavelo fue «el libro de las monarquías», pero Carro recordó que, dos siglos después, Rousseau, con *El contrato social,* escribió el «libro de las repúblicas», señalando que aquellas eran monarquías autoritarias, tal y como Aristóteles las concibió originariamente. No en vano, la expresión griega *mon arké* significa el ejercicio del poder por uno solo. Lejos de aquellos tiempos, «la monarquía no descansa hoy exclusivamente en las virtudes de *El Príncipe.* También lo hace en las virtudes del pueblo español, que es, en definitiva, quien ostenta la soberanía» (*Diario de Sesiones*: 2214).

El debate en Comisión; o la dictadura del puñal, que no se sabe de dónde sale; o nada de otorgar plenos poderes al monarca

La Comisión inició su sesión número 13 el día 30 de mayo, discutiendo la idoneidad y, en su caso, las condiciones de asistencia del jefe del Estado al Consejo de Ministros. Más adelante se abordarían las situaciones de extrema gravedad. López Rodó advertía:

> No está en nuestra mano el impedir que, en un momento de locura colectiva, en un momento de efervescencia en el país, pudieran llegarse a producir estas situaciones de extrema gravedad [...]. Es necesario que se haga frente a ellas con una previsión constitucional (*Diario de Sesiones*, 30 de mayo de 1978: 2768).

López Rodó contemplaba dos supuestos de hecho: de un lado, la existencia de «una amenaza grave e inmediata a las instituciones políticas, a la unidad e independencia de la Nación o a la integridad del territorio nacional»; y de otro, «una interrupción del funcionamiento regular de los poderes públicos constitucionales». A su juicio, estos dos supuestos debían darse simultáneamente: «No basta con que exista la amenaza grave e inmediata, sino que además es preciso que se halla interrumpido el funcionamiento regular de los poderes públicos constitucionales».

Anticipándose a los acontecimientos, López Rodó vino a describir el 30 de mayo de 1978 lo que, años más tarde, sería el frustrado golpe de Estado de 23 de febrero de 1981:

> Una circunstancia podría ser un golpe de fuerza, podría ser un motín grave, que incluso ocuparan la propia sede esta Cámara y que fuera, por consiguiente, imposible el poder funcionar, el poder reunirse en el Congreso de los Diputados, y lo mismo digo del Senado. Es decir, una situación de subversión grave del orden público, de sublevación, de revuelta, de extraordinaria gravedad.

Ante estos supuestos en que las instituciones del Estado verían interrumpido por la fuerza su funcionamiento «regular», resulta necesario dotar a los poderes públicos de los medios adecuados para el cumplimiento de su tarea. Para hacer frente a contingencias como las descritas, López Rodó propuso «que el rey adopte las medidas exigidas por las circunstancias, a propuesta del presidente del Gobierno y los presidentes de las Cámaras legislativas». Aclaraba el diputado que «no es una facultad personal del rey; no puede hacerlo el rey por propia iniciativa, sino que ha de hacerlo precisamente a propuesta, y a propuesta conjunta, del presidente del Gobierno y de los presidentes de las Cámaras legislativas». López Rodó recordaba que el artículo 14 de la Constitución francesa de 1958 permitió hacer frente a las circunstancias del mayo francés de 1968: «No se trata de una quimera, de establecer un precepto que no tiene ningún parangón en el Derecho constitucional comparado, sino un precepto que puede, en alguna circunstancia, ser necesario y que la Constitución hará bien prever».

Gregorio Peces Barba corrigió no obstante a López Rodó, aclarando que no era el artículo 14 de la Constitución francesa, sino el 16 al que se había querido referir el diputado que le había precedido en el uso de la palabra. Y aún más: su contenido —aseguraba Peces Barba— no había sido invocado en el mayo francés, sino como consecuencia de la guerra de Argelia. Más allá de la anécdota, Peces Barba venía a decir que un planteamiento de este orden suponía un fondo de prerrogativa, y que legislar en el sentido propuesto por López Rodó sería tanto como «institucionalizar el golpe de Estado permanente».

Manuel Fraga —«puede estar uno solo y tener mucha razón»— advirtió después de que una monarquía como la del Reino Unido, cuyo carácter «parlamentario» nadie negaría, mantiene el *principio de prerrogativa* de la Corona justamente en esta materia. Recordó que, en las dos guerras mundiales y en la primera crisis económica de los años treinta, las *orders in Council* actuaron sin vacilar en virtud de la prerrogativa; y que así sucedió, igualmente, en el caso de Irlanda del Norte:

> La prerrogativa en un régimen parlamentario se usa de acuerdo con la mayoría del Parlamento y, naturalmente, si en algún caso el Gobierno al usarla tiene que ir por delante, tiene la posibilidad de los *bills* de indemnidad, que se dan cuando el Gobierno se adelanta sobre las necesidades y luego el Parlamento le condona haberlo hecho sin la mayoría (1978: 2770).

Evocando a Donoso Cortés, Fraga afirmó que la expresión «dictadura constitucional» no era en modo alguno una mala palabra:

> Lo malo es la dictadura no constitucional; lo malo es la dictadura constituyente; lo malo es la dictadura improvisada y nacida de los poderes de hecho, y lo malo es, según la frase de Donoso Cortés, la 'dictadura del puñal', que no se sabe de dónde sale (1978: 2770).

Fraga consideraba que «la dictadura que usaron los romanos, la dictadura declarada en momentos de emergencia y por plazos definidos —pudiendo no ser deseable—, resultaba perfectamente compatible con el sistema constitucional»; y terminó advirtiendo de que la imprevisión constitucional de contingencias semejantes es, justamente, la que puede terminar abocando al sistema a una indeseada dictadura no constitucional: «hecho desgraciadamente no infrecuente en la historia de España y en las de otros países semejantes» (1978: 2771).

Pérez Llorca (UCD) defendió que en modo alguno procedía implicar a la Corona, «con su función arbitral y moderadora, con su función simbólica, con su función de integración, en un problema de este tipo» (1978: 2773). Y López Rodó aclaró que en ningún momento había propuesto otorgar plenos poderes al monarca, sino al Parlamento:

> No propongo que le otorguen plenos poderes al monarca, sino que las medidas que se adopten sean, a propuesta conjunta del presidente del Gobierno y del presidente del Congreso y del presidente del Senado [...], tres figuras absolutamente democráticas, las que elaboran la propuesta de medidas excepcionales para estos casos de extrema gravedad. Nada pues de plenos poderes al monarca, sino prever una situación que puede darse y arbitrar una forma expedita, una fórmula eficaz porque qué más quisiera yo que pudieran darse esos plenos poderes al Congreso, esos plenos poderes al Parlamento, como decía el señor Solé Tura. No se trata de sustraer ninguna competencia al Congreso, a las Cortes (1978: 2774).

La enmienda fue finalmente rechazada.

Breve recapitulación sobre el constitucionalismo español para viajar ya al presente; o de la concordia a la polarización y el populismo, pasando por reyes absolutos, repúblicas fallidas, una guerra, una dictadura y un olvidado consenso

La historia del constitucionalismo español —que es una historia trémula y de conquista de la libertad— no hace sino reflejar fielmente las convulsiones políticas de los siglos XIX y XX. Comienza en 1808 con la aprobación del Estatuto de Bayona, que no puede considerarse siquiera una constitución *strictu sensu,* sino una carta otorgada escrita fuera de España y cuya autoría no es precisamente atribuible a los representantes de la nación.

Desde entonces, se han promulgado en España ocho constituciones: la de Cádiz, «la Pepa» (1812); el Estatuto Real (1834); la «progresista» (1837); la «moderada» (1845); la «democrática» (1869); la «liberal» (1876); la «republicana» (1931); y la de 1978, «la del consenso» (Fontán, 1978). Tres más quedaron en fase de proyecto, y una, la de 1856, fruto del llamado Bienio Progresista iniciado en 1854, nunca vio la luz tras la contrarrevolución capitaneada por el general O'Donnell. A esta serie de normas supremas se han de asimilar, a efectos solo formales, las siete leyes fundamentales del reino que, a falta de Constitución, conformaron el ordenamiento jurídico del franquismo. Y, por último, la Ley para la Reforma Política que, aprobada el 18 de noviembre de 1976 por las Cortes franquistas, anticipó el derecho de asociación sindical y las elecciones de junio de 1977, de las que emanaron las Cortes Constituyentes.

CONSTITUCIÓN DEL CONSENSO, LA CONCORDIA Y LA ESPERANZA

Dos siglos de regímenes fallidos; dos reyes destronados a favor de sendas repúblicas (1873 y 1931), a su vez fracasadas; varios golpes de Estado; una guerra civil; cuarenta años de dictadura y, al fin, una transición ejemplar hacia un «Estado social y democrático de Derecho» (art. 1.1) que, bajo la forma política de una «monarquía parlamentaria» (art. 1.3), nos ha procurado cuatro largas décadas de estabilidad democrática.

Los españoles de entonces supieron salir con esfuerzo y generosidad de una dinámica perniciosa de injerencias extranjeras; constituciones frustradas y cartas otorgadas; pronunciamientos militares; dictaduras y hasta «dictablandas», término acuñado popularmente en 1930 cuando el general Dámaso Berenguer sustituyó al general Miguel Primo de Rivera al frente del Gobierno.

Esta concatenación de fiascos, convertida con el paso del tiempo en costumbre, se interrumpió gracias a la Transición que los representantes políticos de todos y cada uno de los bandos supieron hacer tras la muerte de Franco, y la gestión responsable del delicadísimo tiempo subsiguiente hasta la aprobación de la Constitución de 1978; y, aún después, por el golpe frustrado de 23 de febrero de 1981.

Porque «no siempre lo peor es cierto» —decía Calderón de la Barca—, la Constitución de 1978 nació como fruto del acuerdo entre representantes de muy diversas formaciones surgidas de un inédito y desconocido régimen de libertad que, ya antes de instaurarse de derecho, se instaló de hecho entre los españoles.

Con el impulso decidido del rey Juan Carlos, se alcanzó el clima de voluntad y respeto necesarios para que los españoles ejercieran una plena libertad de expresión y elección. Y así, tras la muerte de Franco, las primeras Cortes —que resultaron constituyentes— reunieron a una misma mesa facciones políticas enfrentadas durante la contienda «incivil» (Anson), presentes incluso en el frente de batalla. Y porque «no siempre lo peor es cierto», los patrones propios del círculo vicioso que caracterizaron los siglos antedichos cambiaron de signo. Los españoles pusieron rumbo a la razón, la convivencia, el diálogo, la mesura, el reconocimiento de la diversidad y la modernidad. Buscaron las mejores referencias internacionales y miraron hacia delante, por vez primera en mucho tiempo. Y todo ello fue fruto derivado del «consenso».

A Antonio Fontán Pérez, presidente del Senado en la etapa constituyente y primer presidente del Senado de la España democrática, se le atribuyen varias frases memorables. Una primera sobre la Constitución de 1978, que denominó «de la concordia», con la que venía a describir el clima reinante: «Habían colaborado en su redacción monárquicos y republicanos, antiguos franquistas y antiguos antifranquistas, de derechas e izquierdas, nacionalistas y no nacionalistas de las diversas regiones de España» (Ventero, 2004). El 5 de octubre de 1978 Fontán abandonaba su escaño en la presidencia del Senado y, a riesgo de infringir el reglamento, caminó hacia la tribuna de oradores para afirmar que esa nueva Constitución tenía un apellido compuesto, una preposición y un nombre: «la Constitución del consenso», que quiere decir «de la concordia» y también «de la esperanza».

Una segunda frase la extrae Fontán de la prolífica colección de clásicos romanos: «La concordia es un don que ofrecen los dioses a los hombres», algo que —explicaba— «nos ha caído del cielo [...]; nos viene de la historia y de la voluntad manifiesta de los españoles, de diversas familias políticas» (Ventero, 2004). El profesor Sierra de Cózar (2003) relaciona la cita con un fragmento de las tragedias de Ennio (Enn., scaen. 342-343) que reza «di... conferunt concordiam» (digamos... traen armonía). Y una tercera, «el consenso generalizado es la voz de la naturaleza», atribuible a Cicerón (Cíe. Tusc. 1, 35), en un texto cuyo original sería «omnium consensus naturae vox est».

Al hilo de la Declaración de los Derechos del Hombre y del Ciudadano de 1789 —«toda sociedad en la que no se reconocen los derechos fundamentales de la persona, ni el principio de separación de poderes, carece de Constitución» (art. 16)—, la de 1978 inauguraba en España un régimen caracterizado justamente por el respeto y la independencia entre poderes, la subordinación de las Administraciones públicas a la ley, la existencia de unos comicios libres y regulares, y la garantía de los derechos que al ser humano corresponden por el hecho mismo de ser persona y en razón a su dignidad.

En un país poco acostumbrado a los grandes acuerdos, la Constitución de 1978 supuso, y aún supone, un entorno político de libertad, seguridad y confianza, desde el que superar día a día las consecuencias de un largo camino de errores y disensos, proporcionando al Estado un apreciable halo de frescura normativa y facilitando a los españoles, desde su promulgación, cuatro décadas de progreso y crecimiento político, económico y social.

La tarea acometida por los españoles tras la muerte de Franco, en 1975, permitió encauzar y resolver debates seculares —algunos cainitas— como la forma de Estado y el modelo territorial, la educación, el papel del Ejército o la cuestión religiosa; asuntos, todos ellos, salvados gracias a un pacto de tolerancia, armonía y responsabilidad.

La Constitución fue posible gracias al 'consenso', «heredero moderno de la idea de contrato social», decía Peces-Barba. Confirió a los españoles una condición protagonista en la vida pública; estrechó nuestros lazos con la comunidad iberoamericana; y facilitó nuestra integración europea. «... hoy, España es Europa», decía Felipe VI en su discurso de proclamación, el 19 de junio de 2014. Y «Europa —aclaraba— no es un proyecto de política exterior, es uno de los principales proyectos para el Reino de España, para el Estado y para la sociedad».

Pero si algo caracteriza a las grandes empresas colectivas es la travesía inevitablemente colmada de dificultades que sus actores han de sortear.

La Transición española, modélica donde las haya, no estuvo exenta de las peores amenazas, pero un oportuno *iter* constituyente, culminado por un ilusionante acuerdo y una entusiasta y acelerada evolución en los años subsiguientes, dieron como resultado un país renovado.

El pacto de 1978 se hizo posible gracias a la participación de todos los españoles, en igualdad de condiciones. Y requirió del esfuerzo de la ciudadanía, la lealtad de las instituciones, el concurso de una relevante clase política; y, fundamental también, el respaldo, en todo momento y situación, del entonces rey Juan Carlos.

Pensar y celebrar la Constitución es profundizar en el «sentimiento constitucional», expresión acuñada por el constitucionalismo alemán, aunque ya Aristóteles, hace veinticinco siglos, expresaba la conveniencia de que los ciudadanos fueran «tan adictos como sea posible a la Constitución». Tal vínculo se observa especialmente en países con dilatada experiencia democrática, y su raigambre es la prueba fehaciente del deseable maridaje entre ciudadanía, Constitución y lo que esta representa: la evidencia del éxito de una sociedad que ha interiorizado su norma fundamental hasta percibirla como algo propio y necesitada de su participación y tutela.

Lucas Verdú (1985: 7) define este sentimiento como «la adhesión íntima a las normas e instituciones fundamentales de un país, experimentada con intensidad, más o menos consciente, porque se estiman que son buenas y convincentes para la integración, mantenimiento y desarrollo de una justa convivencia». Por contra, la ausencia o baja intensidad de este afecto constitucional denotan un déficit de implicación, complicidad o cohesión ciudadana, característico de democracias incipientes o imperfectas, de sociedades cívicamente inmaduras o con una tosca cultura política.

Pero este concepto no es nuevo en España. El profesor Salas y Cortés decía en sus 'Lecciones de derecho público constitucional para las escuelas de España' (1821) que «lo que importa es que nuestro código fundamental, tal cual es, mientras se perfecciona con el tiempo, la experiencia y el estudio, sea amado y respetado por los españoles con una especie de culto...». No en vano, la Pepa determinaba en su artículo 368 la creación de un plan de enseñanza «uniforme en todo el Reino» a fin de explicar la Constitución «en todas las universidades y establecimientos literarios donde se enseñan las ciencias eclesiásticas y políticas».

Nunca será vano el esfuerzo por conseguir que la ciudanía interiorice la Constitución y la perciba como propia, consciente de lo que expresa y significa. Solo así podremos esperar de los españoles un deseable conocimiento y compromiso con la construcción de la nación.

La historia del constitucionalismo, que es tanto como decir «la historia de la libertad», afirma el profesor Tajadura (1996), es en España la crónica de una decepción continuada. Exceptuando la republicana de 1931, vigente tan solo ocho años (hasta el término de la Guerra Civil en 1939); la de 1978 es la única constitución democrática que ha tenido España en toda su historia, camino hoy de cumplir sus primeras cinco décadas de existencia. Afirmar que en tiempos pretéritos los españoles dispusieron y gozaron de unos niveles de libertad superiores a los actuales es tanto como recrear «un pasado que nunca existió».

Radica ahí la importancia de valorar oportunamente los avances realizados y la conciencia del apego a la Carta Magna, sin el cual «la Constitución, como realidad integradora, corre el riesgo de perecer». Y añade: «La identificación de la sociedad con el espíritu de su norma suprema, el espíritu democrático informado por los valores de igualdad y libertad es un requisito imprescindible para el mantenimiento y buen funcionamiento del régimen constitucional». Para finalizar, «subrayar la importancia de la vinculación moral de los ciudadanos a las instituciones diseñadas por la Constitución y a los derechos y libertades que reconoce y garantiza resulta fundamental en unos momentos de cierto desencanto político».

Como afirmaba el marqués de Condorcet —«filósofo universal», decía Voltaire— «jamás gozará un pueblo de segura y permanente libertad si no se liga con el necesario sentimiento a su Constitución». Un afecto que trasciende las diferencias de la sociedad civil. Ciertamente, como sentencia el profesor González-Trevijano (2023):

> La intencionalidad y el sentimiento desempeñan un papel estructural y funcional en el ámbito de las relaciones sociales, políticas y jurídicas. Un sentir, por esto dinámico y lejano a toda parálisis, que insufle la debida emotividad constitucional entre la ciudadanía.

Gracias al consenso que presidió aquellos años de la Transición fue posible la construcción del entramado institucional que deriva de la Constitución, la define y desarrolla. Y advertía en 2004 Gabriel Cisneros, uno de sus siete «padres», el riesgo en que se encontraba ya entonces ese edificio institucional:

> El objetivo de la erosión que infligen sobre el sistema fuerzas políticas de naturaleza y vocación centrífuga, formaciones separatistas, nacionalistas, organizaciones republicanas y hasta revolucionarios con vocación de derrocar el régimen monárquico. Como también, al extremo opuesto del espectro ideológico, flamantes formaciones de ultraderecha que conectan por vía de la nostalgia con evocaciones del régimen franquista, así como con otros aires nuevos de Europa o del mundo (Ventero, 2004).

Y proseguía Cisneros:

> Ambos extremos aglutinan, de manera no tanto racional como emocional, el fruto del descontento de la ciudadanía, albergando en España, como en otros países, la esperanza de encontrar un 'mirlo blanco' que neutralice sus más que justificadas y evidentes frustraciones e inquietudes; la esperanza de encontrar «su particular solución, como todos los espejismos, siempre rápida y sencilla.

Por si había alguna, el asalto a la Constitución que hace dos décadas muchos calificaban de «tormenta mediática» se presenta hoy con nitidez como un desafío político en toda regla.

Algunas consideraciones sobre el retroceso democrático en diferentes partes del mundo y también en España; o de los nuevos caudillos

A diferencia de etapas pretéritas, los actuales enemigos de la democracia, lejos de promover alzamientos, golpes o autogolpes, son hoy mayoritariamente líderes políticos emanados de las urnas que, abusando de tal legitimidad de origen, extienden su jurisdicción y competencias a base de un concienzudo y paulatino menoscabo del resto de poderes que comprometerá, más pronto o más tarde, el entramado institucional. Lejos de constituir un fenómeno aislado, hasta las democracias más consolidadas del orbe se han revelado sensibles a las falsas promesas y la manipulación.

«Democradores» (Scheppele, 2016), «presidentes con aspiraciones hegemónicas» (Gamboa, 2017) y «autócratas democráticamente elegidos» (*elected autocrat*) (Kaufman & Haggard, 2019) primero culpabilizan a una minoría vulnerable a fin de reforzar el apoyo del pueblo y legitimar así sus actuaciones; y, a continuación, promueven procesos que limitan los derechos y libertades ciudadanas; evitan el pluralismo y entorpecen la acción de la oposición; así como favorecen un ejercicio discrecional del poder sin control institucional ni rendición de cuentas públicas (Monsiváis-Carrill, 2021), socavando la libertad de prensa, la independencia de los jueces y los grupos de la sociedad civil comprometidos (Human Rights Watch).

Sin perjuicio de otras denominaciones, el término «autocratización» resulta útil para describir la evolución de estos países en proceso de abandono, más o menos evidente, de los atributos democráticos que inicialmente les caracterizaron (Lührmann y Lindberg, 2019). Otros autores han bautizado estas dinámicas involucionistas como «toma del poder por parte de los gobernantes» (Svolik, 2015); «expansión del Poder Ejecutivo» (*executive aggrandizement*) (Bermeo, 2016); «hegemonía presidencial» (Pérez-Liñán *et al.*, 2019); o «toma gradual del poder por parte de los gobernantes» (Laebens, 2019).

Con esta última expresión —*gradual incumbent takeover*— Laebens se propone explicar la forma en que estos líderes, elegidos en las urnas, emprenden una senda de retroceso democrático sin necesidad de suspender las instituciones o el régimen electoral. Subraya en su conceptualización, primero, la condición del actor protagonista —líder del Poder Ejecutivo elegido por un procedimiento irreprochablemente democrático y, en consecuencia, investido y dotado de la correspondiente legitimidad legal-racional— y, segundo, la condición escalonada o paulatina del proceso. Sumamos a lo anterior su evidente vocación finalista, no otra que la conquista del tiempo —de permanencia en el poder, se entiende— y, en consecuencia, del poder (casi) absoluto.

Estos «democradores», en terminología de Scheppele (2016), coinciden en la forma sutil de progresar para alcanzar su objetivo. El modo en que algunos Estados involucionan poco se asemeja a modelos y tentativas pasadas. Más del 50 % de los 194 países reconocidos por la ONU mantiene su condición de «democracia», y son muy escasos en número los que han pasado a considerarse nominalmente «autocracias» en las últimas décadas. El retroceso, sin embargo, es un hecho constatado, y son numerosos los países que se enfrentan —incluidos algunos de larga tradición democrática— a silenciosas pero decididas transiciones autocráticas (Lührmann y Lindberg, 2019).

Paradójicamente, este descenso sucesivo de los indicadores democráticos es hoy protagonizado por líderes políticos que, una vez elegidos libremente en las urnas, aspiran a conservar el poder a cualquier precio, atenuando para ello los célebres *checks and balances* de la tradición americana y erradicando así la doctrina que vela por la separación de poderes y caracteriza el Estado de derecho.

Detentadores del poder, los nuevos autócratas tejen con ayuda del tiempo un manto de privilegio que les exime del cumplimiento íntegro de la ley, el control electoral y la opinión pública, así como de los pesos y contrapesos propios de un régimen de libertades. Buscan el modo de ejercer «un poder discrecional y arbitrario», obviamente incompatible con la rendición de cuentas al electorado y al resto de poderes constituidos (Monsiváis-Carrill, 2021).

Presidentes de Gobierno y primeros ministros, adalides del Poder Ejecutivo, se vuelven una amenaza autocrática cuando para mantenerse en el poder intentan restringir libertades y debilitar los sistemas de control político y administrativo (Laebens, 2019).

Entre las causas de esta involución, destaca la ambición personal de quienes ansían poderes impropios a la condición de jefe del Ejecutivo que obtuvieron en buena lid democrática. La consecución gradual de su propósito terminará convirtiéndoles en caudillos ajenos al control de las instituciones que van cercenando.

Parte del peligro de estos nuevos déspotas reside en la inteligencia de su estrategia: acceden al poder en unas elecciones y se mantienen en él superando a sus adversarios en convocatorias electorales sucesivas, igualmente legítimas. Este conjunto de ingredientes facilita el caldo de cultivo necesario para emprender un cuidadoso y nada estridente proceso de involución encaminado a potenciar sus competencias hasta el límite de abandonar definitivamente el estándar propio de un régimen democrático.

Despliegan ante la ciudadanía un habilidoso ejercicio de ilusionismo conformado por la vigencia de una irreprochable carta de derechos y garantías: la Constitución; una cita sistemática con las urnas que legitima cada movimiento posterior del Ejecutivo, y unas instituciones cuyo literal y competencias se corresponden con las propias de un Estado de derecho.

Por fortuna, no siempre los aprendices de autócrata consiguen su propósito de desmantelar las instituciones precisamente encargadas de frenar su instinto de expansión. Y esta realidad es, ciertamente, una noticia alentadora. Gracias a su indudable carisma personal y a la neutralización progresiva de los controles legislativos que ejercieron en Venezuela o en Turquía, autócratas como Hugo Chávez y Recep Tayyip Erdoğan, respectivamente, extendieron su influencia hasta obtener el merecido calificativo de «autócratas». Pero el ejemplo de estos nuevos tiranos no cundió en otras latitudes y muchos de los mandatarios que iniciaron procesos de colonización semejantes acabaron sus días de gobierno, bien gracias a un merecido fracaso en las urnas, bien porque, por una razón u otra, se vieron obligados a abandonar su dominio.

Después de *El fin del poder* (2013), donde expuso el declive de los liderazgos tradicionales, en *La revancha de los poderosos* (2022), el periodista y expolítico venezolano Moisés Naím afirmaba, primero, que los déspotas contemporáneos han puesto «fin al fin del poder», deteniendo el tiempo a su conveniencia; y segundo, que la procedencia ideológica de estos personajes resulta irrelevante. Líderes tan dispares como Narendra Modi (primer ministro de la India desde 2014), Nayib Bukele (60.º y 62.º presidente de El Salvador), Daniel Ortega (presidente de Nicaragua desde 2007) o Viktor Orbán (primer ministro de Hungría desde 2010) no guardan entre ellos más conexión que las llamadas por Naím «3 claves —3Ps— de su éxito: populismo, polarización y posverdad».

El populismo necesita víctimas —el pueblo, en primera instancia— y victimarios, que serán necesariamente las minorías económicas y políticas, en tanto amenazas (presuntas) para el pueblo; indispone irresponsablemente a la ciudadanía induciendo artificialmente la polarización; y se sirve para ello de la posverdad, «distorsión deliberada de la realidad que manipula creencias y emociones con el fin de influir en la opinión pública y en actitudes sociales» (RAE).

Pueblo, Estado y enemigo son los ingredientes que conforman «el cóctel imbatible del populismo», dice el periodista José Ignacio Torreblanca (2014), que revela un axioma: ¡el pueblo, el

Estado y el Gobierno siempre tienen la razón! Partiendo de esta sentencia inapelable, analicemos sus tres falsas dimensiones:

1.º) Pueblo versus élites corruptas. El pueblo tiene necesariamente la razón porque está en lid contra minorías «corruptas» (Torreblanca, 2014) y «culpables» (Kozak, 2022) que atentan contra su cultura, sus derechos y su buena ventura. No hay, en consecuencia, una razón que deba contener al pueblo ¿en una democracia? Y así, cuantas instituciones y poderes (incluidos los medios de comunicación) tenían por objetivo refrenar las posibles extralimitaciones del Gobierno dejarán de formar parte de la ecuación.
2.ª) Estado versus mercado. Los mercados, despiadados y salvajes —otro mantra—, no pueden tener razón. «Da igual que el Estado se equivoque y genere escasez en lugar de crecimiento, que combata la pobreza con subsidios y subvenciones que la acentúan y que se coma los ahorros de la gente con políticas inflacionarias».
3.ª) Gobierno versus conspiradores. Los «errores» del Gobierno habrán de localizarse «fuera», donde, con ayuda interior, suele situarse la conspiración necesaria.

Subrayemos, por último, la condición «nacionalista» de todo populismo que, envuelto en la bandera que corresponda (local, nacional o propia de una ensoñación patriótica), necesita para instalarse y prosperar un enemigo exterior (los mercados financieros, Occidente, un líder religioso o cualquier otro «clásico»). Sentada esta premisa, se entenderá fácilmente que, para satisfacción del pueblo, el Gobierno adopte cuantas medidas resulten necesarias con los miembros o cómplices de mencionada confabulación hasta «arrinconarlos y expulsarlos de la política».

Lo cierto es que, durante décadas, distintos países de Latinoamérica han encontrado en Europa el paradigma de transición a la democracia; y ahora, sin embargo, son varios los líderes europeos que consultan al otro lado del Atlántico las claves del éxito de un modelo populista que les conduzca a la implantación de un régimen despótico.

España, concretamente, exhibió su modélica Transición política y el Estado social y democrático de derecho, que fue capaz de instaurar y consolidar a partir de una constitución de consenso, la primera en la historia. Nos enfrentamos ahora, sin embargo, a la paradoja de observar líderes y organizaciones de izquierda y ultraizquierda que muestran una evidente simpatía por los experimentos populistas que han prosperado en América.

Las autocracias del siglo XXI «simulan» la democracia, recuerda Kozak (2022). A excepción de líderes como Xi Jinping en China; Kim Jong-Un en Corea; Díaz-Canel en Cuba; o Tô Lâm en Vietnam, los déspotas contemporáneos acceden al poder democráticamente. Su carisma hace en buena medida el resto: les ayuda a legitimar los cambios que operan y así prolongar su estancia en el poder. La cita de la ciudadanía con las urnas no se interrumpe; sin embargo, los partidos de la oposición tendrán dificultades para financiar sus organizaciones, y verán menguadas sus posibilidades de trasladar al electorado su ideario y sus propuestas, advierte Naím (2022).

Levitsky y Ziblatt (2018), autores de *How Democracies Die*, recuerdan que, para los autócratas, el voto todo lo explica y lo disculpa, incluidas aquellas decisiones de gobierno meridianamente incompatibles con las reglas de la democracia, véanse: separación de poderes, alternancia en el poder y pluralismo político (Naím, 2022).

Tristemente, el asenso internacional alcanzado tras la caída en Berlín del 'Muro de la vergüenza' ha sucumbido ante los renovados aires de nacionalismo, xenofobia y conservadurismo actuales. La historiadora Anne Applebaum (2021), una de las primeras en detectar la amenaza de las nuevas corrientes nacionalistas y autocráticas en Occidente, advierte en *El ocaso de la democracia* del peligroso atractivo de los mensajes simples y radicales que proyectan estos regímenes: «Los líderes despóticos no llegan solos al poder; lo hacen aupados por aliados políticos, ejércitos de burócratas y unos medios de comunicación que les allanan el camino y apoyan sus mandatos».

En línea, a su vez, con Julien Benda y Hannah Arendt, Applebaum asegura que estas élites autoritarias contemporáneas, valedoras de postulados antiliberales y capitaneadas por líderes carismáticos, manejan a conveniencia, y oportunamente combinadas, las teorías de la conspiración, la polarización política, el poder colosal de las redes sociales, donde se constata —replicando a Hobbes y su «información es poder»— que «la (des)información es poder» (Blasco, 2021), y hasta el sentimiento de nostalgia para destruirlo todo y redefinir nuestra idea de nación.

Coincide Naím con Fonseca (2021) —y antes con Krauze (1993)— en recordar el peligro de los caudillos carismáticos, «suerte de estrellas del espectáculo promotoras del fanatismo» (Kozak, 2022).

Importante aclarar, llegados a este punto, que el ambiente propicio para el desarrollo de estos nuevos totalitarismos no es la miseria de la población, sino la frustración de las expectativas individuales y colectivas de los ciudadanos, especialmente de los más jóvenes. Y es esta decepción la que hoy, a derecha e izquierda, nutre y ceba el llamado pensamiento «iliberal». «El populismo —dice Fonseca en *Amado líder* (2021)— ha conseguido sintonizar con el descontento popular, hablándole no a la razón, sino a la iracundia, el deseo, la frustración, la expectativa de venganza o la revancha».

Fue el caso, en su día, de Hugo Chávez, líder y fundador del Partido Socialista Unido de Venezuela (PSUV); o, en la actualidad, Alternativa para Alemania (AfD), formación de extrema derecha, de ideología nacional-conservadora y euroescéptica.

Los bajos salarios y la inestabilidad en el trabajo, como también la información manipulada, extienden logarítmicamente la desafección hacia la democracia liberal; especialmente entre los jóvenes, que no alcanzan a visualizar para sí un proyecto de vida. Y tal decepción se orienta siempre en beneficio de embaucadores, milagreros y autócratas que no necesitan consensos y acuerdos (Barrio, 2022).

Investido de cualidades sobrehumanas por sus seguidores, el líder se vale de los medios y las redes sociales para construir una relación aparentemente cercana con «el pueblo». Nicolás Maduro y antes Hugo Chávez son ejemplo de este liderazgo basado en la emoción y el afecto, que no en los resultados. Sus fanáticos seguidores les exculpan a diario de la ruina y devastación del país, que explican por el bloqueo imperialista estadounidense. No requieren más que fe.

La emoción es el terreno de los autócratas, recuerda Naím, «expertos en manipular sentimientos y bajas pasiones tan humanas como el espíritu de revancha y los sesgos cognitivos que nos empujan a reforzar nuestros prejuicios y convicciones». Naím señala al Reino de Noruega como modelo de democracia liberal y propone una defensa encendida de los valores democráticos. No hace sino describir la necesidad descrita por Aristóteles hace veinticinco siglos de «que todos los ciudadanos sean tan adictos como sea posible a la Constitución»; o, de otro modo, lo que, en Alemania, siglos después, se ha dado en llamar 'sentimiento constitucional'. *La revancha de los poderosos* invita, dice Kozak (2022), a una cruzada «contra la mentira, los gobiernos criminales, el ataque autocrático a las democracias, la cartelización de la política y los relatos iliberales». Naím considera indispensable «la alianza de las democracias liberales, el combate a los Estados devenidos en organizaciones gansteriles, caso de Rusia, y el fortalecimiento de las instituciones». Condición necesaria así, pero no suficiente, porque —advierte—«la democracia puede devenir esclerosis institucional, mal que impide tomar rápidamente las decisiones necesarias».

Y, por último, la posverdad, «vía para las falsificaciones y la confusión disfrazadas de antielitismo». No en vano, «el pensamiento de la izquierda posmoderna» conectó «con el espíritu antiilustrado de la derecha iliberal al denunciar el saber como construcción discursiva opresora». Naím advierte que, «de no superarse el deterioro de la democracia liberal —en medio del cambio climático, las migraciones y las transformaciones del trabajo y la economía que empobrecen a la gente—, el autoritarismo proliferará todavía más en los cinco continentes».

«La democracia liberal ha sido apenas un instante en la historia de regímenes de fuerza de la humanidad —recuerda Kozak (2022)— […] los autócratas lo saben muy bien y se aprovechan de nuestras dificultades para llevarnos al antiguo redil».

Diagnóstico de España 2024 o del deterioro de las instituciones y el «irresponsable» afán de nuestra clase política por dividir a los españoles

Durante la presentación del libro *España: democracia menguante*, sus autores, nueve reconocidos intelectuales, afirmaron que el deterioro democrático que experimenta nuestro país pone en riesgo «el progreso político, social y económico que, desde la Transición, había disfrutado la sociedad española».

En este ensayo, denuncian el «mal funcionamiento», singularmente en el plano institucional, de nuestro Estado social y democrático de derecho; previenen de que «está en cuestión nuestra democracia parlamentaria»; y señalan como causa principal el «defectuoso comportamiento» de la llamada clase política.

Si bien los autores consideran que «la crispación, el extremismo y la polarización que caracterizan la actuación de los políticos» no se percibe en igual medida en la sociedad, advierten de que, si la clase dirigente «no cambia de actitud, tal infección institucional podría trasladarse al cuerpo social con serio peligro para la convivencia ciudadana». «Quieren abrir un barranco artificial entre la ciudadanía, que no está tan enfrentada todavía», dice de manera gráfica Sosa Wagner, uno de los autores del ensayo.

CRÓNICA DE UNA DESAFECCIÓN CIUDADANA

En 2004, de manera súbita, los españoles perdieron la confianza en los políticos y, lo que es más grave, en el sistema en que creyeron una vez recobrada la democracia, en 1978. Así lo revelan muy diferentes estudios nacionales e internacionales que coinciden en el diagnóstico. En verdad, las investigaciones detectan un problema global de desafección ciudadana respecto de sus líderes políticos, pero no es menos cierto que en España la crisis es más acusada.

Del Eurobarómetro de 2022 se desprende que el 90 % de los españoles (casi nueve de cada diez) desconfía de los partidos políticos, situándose la media europea en un nada alentador tampoco 75 %; y el informe de Metroscopia de ese mismo año muestra unas opiniones desoladoras sobre los políticos españoles: el 87 % de los encuestados cree que no les prestan atención; un 84 % considera que carecen de ideas para solucionar sus problemas; el 81 % piensa que no tienen vocación de servicio público ni la experiencia necesaria; y el 75 % que no actúan de forma honesta. La dificultad del momento que atraviesa la democracia española resulta, pues, evidente.

La edición de 2023 de la encuesta europea, realizada por Kantar Public, insiste en las cifras de estudios anteriores y arroja resultados desoladores: un 90 % de los españoles desconfía de los partidos políticos, un 78 % del Congreso de los Diputados y un 73 % del Gobierno. El 51 % de los encuestados desconfía de la Justicia, el 70 % recela de la prensa y el 68 % considera que la información política proveniente de las redes sociales no es de fiar. El 83 % de los encuestados considera que las noticias falsas son un problema para España y el 86 % piensa que suponen un riesgo para la democracia.

De diferentes estudios se deduce también que las instituciones más prestigiosas son aquellas que se sitúan al margen de la lucha partidaria. En España, durante más de tres décadas, la Corona fue la institución más valorada por los ciudadanos hasta que sobrevino la crisis derivada de los escándalos de su entonces titular, el rey Juan Carlos I. Gracias, no obstante, al desempeño de su sucesor, Felipe VI, la monarquía ha recobrado su reputación y notoriedad; y junto a ella se sitúan, en un rango de valoración destacada, instituciones ajenas a la actividad política como el Ejército, la Policía o el personal sanitario (el Eurobarómetro de 2023 otorga a este último colectivo un 87 % de reconocimiento).

Un informe de 28 de febrero de 2024 del Pew Research Center pone de manifiesto que la democracia continúa siendo el régimen preferido en el mundo, si bien la población es crítica con su funcionamiento.

Entre otros factores que explican tal grado de insatisfacción, el *think tank* advierte una creencia generalizada de que los políticos están fuera de la realidad y su vida nada tiene que ver con la vida de los ciudadanos. De tal desconexión se derivan muchas consecuencias.

De los veinticuatro países incluidos en la encuesta, una media del 74 % dice estar convencida de que a los políticos no les importa en absoluto lo que piensan los ciudadanos.

Otra conclusión que se extrae del estudio es que los políticos «no nos representan». Los resultados son particularmente negativos en Argentina, Grecia, Nigeria, Estados Unidos y, también, España, donde el 42 % afirma que ningún partido representa sus intereses y puntos de vista.

La encuesta, celebrada en abril de 2023, proporciona una «imagen sombría del estado de ánimo político». Tan solo en siete países los encuestados se muestran mayoritariamente satisfechos con la forma en que funciona su democracia. De los veinticuatro líderes nacionales sometidos a escrutinio, solo diez obtienen un resultado positivo; y, de entre los líderes de la oposición, solo seis salen bien parados del estudio.

La investigación del Pew Research Center incluye una petición de «ideas para que la democracia funcione mejor». Entre otras, los encuestados proponen estas dos: 1.ª) Mejorar el liderazgo político: quieren políticos más receptivos a las necesidades de la sociedad, atentos a la voz del pueblo, menos corruptos y más competentes, más representativos de la población de su país en términos de género, edad, raza, etc.; y 2.ª) Reformar el sistema: cambiar el régimen electoral, cambiar el equilibrio de poder entre las instituciones y poner límites temporales a los políticos y a los jueces.

Verdaderamente, el deterioro de nuestra democracia no es una percepción de algunos españoles, sino una opinión compartida por los expertos que, en 2022, llevó a la Unidad de Inteligencia de *The Economist* (EIU) a calificar a España como una democracia «defectuosa», despojándola de su anterior catalogación como democracia «plena». Las razones de esta involución se relacionaban con el menoscabo de la independencia judicial, el incremento de la atomización parlamentaria y el efecto del secesionismo rampante en Cataluña. La posición número 24 que nos fue otorgada en esa edición del informe distaba mucho de la número 16 que disfrutamos desde el inicio de estas mediciones en 2006.

La última edición de la EIU muestra 2023 como un año desfavorable para la democracia en el mundo, cayendo la puntuación media a su nivel más bajo desde principios de siglo: menos del 8 % de la población mundial vive en una democracia «plena», mientras que casi el 40 % padece las consecuencias de un régimen autoritario. La proporción ha ido aumentando en los últimos años como consecuencia de la creciente incidencia de los conflictos, que a su vez ha impedido la recuperación después de los años de pandemia de 2020-2022. La conclusión es que el conflicto y la polarización llevan la democracia global a un nuevo mínimo: casi la mitad de la población mundial vivía en 2023 en algún tipo de democracia (45,4 %), pero solo el 7,8 % reside en una «democracia plena» (categoría que requiere calificaciones superiores a 8). De otro modo, cuatro de cada diez personas en el mundo viven bajo un régimen autoritario (39,4 %).

En este último índice, relativo al año 2023, España obtiene una puntuación del 8,08 (sobre 10), que la sitúa en el puesto número 24 del *ranking*, el último, aunque dentro de la categoría de democracias «plenas», catalogación que había recuperado con igual nota en el informe anterior, relativo al 2022. Tratándose de una buena noticia, la recuperación es tan ínfima (0,08 no supone siquiera una décima por encima de la cota de ocho puntos necesarios) que no debe llamarnos a engaño: cualquier oscilación, por diminuta que sea, podría conllevar la salida de España del cajón preferente en próximos ejercicios.

El estudio revela la insatisfacción de la ciudadanía con las instituciones, hasta el punto de cuestionar su eficacia por el mero hecho de su existencia formal o nominal. Y señala la falta de empatía que se percibe en los políticos y, en consecuencia, su no representatividad.

Las mejores posiciones del índice las ostentan los países nórdicos, que obtienen habitualmente las mejores calificaciones en materia de régimen electoral, pluralismo, cultura política y participación. Noruega repite en el primer puesto, Nueva Zelanda alcanza el segundo, e Islandia, Suecia, Finlandia y Dinamarca se sitúan a continuación. España se mantiene dentro de las democracias plenas, frente a países como Estonia, Portugal, Italia o Bélgica, que son considerados por el índice como democracias defectuosas, a la vista de sus peores puntuaciones en participación y cultura política, funcionamiento del gobierno y libertades civiles.

La forma en que la democracia evoluciona en España «resta credibilidad y *auctoritas* a los poderes públicos», afirman los autores; algo que puede percibirse a diario contemplando la escasa calidad de las leyes y los reglamentos, la normalización del decreto ley como modo ordinario de legislar o los intentos reiterados de conquistar el sacrosanto terreno de la justicia.

SOBRE LA NORMALIZACIÓN DEL DECRETO COMO MODO ORDINARIO DE LEGISLAR

Es fácil constatar como el Gobierno incumple sistemáticamente, y con aparente impunidad, el artículo 86 de la carta magna, precepto en que los constituyentes dispusieron el uso exclusivo del «decreto ley» para casos de «extraordinaria y urgente necesidad». Esta es, sin embargo, la fórmula que el Ejecutivo ha encontrado para hacer prosperar sus iniciativas, a cambio, bien es cierto, de un elevado coste: el de aparcar la obligada discusión parlamentaria.

Llegado al poder en junio de 2018, Pedro Sánchez se ha convertido en el presidente de la democracia con mayor número de decretos leyes acumulados. Más aún, en «el único presidente del Gobierno que ha aprobado más decretos que leyes» (Cano, 2024).

En sus seis primeros años de gobierno, desde que prosperara la moción de censura a Mariano Rajoy en junio de 2018, ha aprobado 153 decretos leyes, uno cada quince días.

En febrero de 2015, durante el debate sobre el estado de la nación, «el hoy presidente acusó a Rajoy de ser "alérgico a dar la cara" por haber aprobado 64 decretos leyes en tres años», recuerda Matellano (2024). Y, de la misma manera, se comprometió a «limitar el uso del decreto ley a circunstancias indicadas para ello» si accedía a la Moncloa. Pero lo cierto es que, solo en los primeros siete meses de presidencia, Sánchez sacó adelante veinticinco iniciativas por decreto ley.

Contraviniendo su propalada «regeneración democrática», el Gobierno de Pedro Sánchez es el que más decretos leyes ha aprobado, «con medidas económicas de gran envergadura tramitadas por esta vía: una reforma laboral, un nuevo sistema de cotización de los autónomos, la reforma de las pensiones o la *Ley rider*», sin contar con los treinta y nueve decretos leyes aprobados en 2020, durante la pandemia de COVID; entre ellos, el que sirvió para instaurar el segundo estado de alarma, anulado más tarde por el Tribunal Constitucional».

	Mandato constitucional	Meses en el puesto	N.º decretos ley
Adolfo Suárez	29 diciembre 1978[1] 26 febrero 1981	26 meses	41
Leopoldo Calvo-Sotelo	26 febrero 1981 2 diciembre 1982	22 meses	37
Felipe González	2 diciembre 1982 5 mayo 1996	161 meses	129
José María Aznar	5 mayo 1996 17 abril 2004	95 meses	130
José Luis Rodríguez Zapatero	17 abril de 2004 21 diciembre 2011	80 meses	108
Mariano Rajoy	21 diciembre 2011 2 junio 2018	78 meses	127
Pedro Sánchez	2 junio 2018 Actualidad	**66 meses**	**153**

1 Fecha de entrada en vigor de la Constitución Española e inicio del período democrático.

Los datos a este respecto son alarmantes, pero el desatino no termina ahí. Del Plan Anual Normativo de la Administración General del Estado, documento que contiene las iniciativas que los distintos departamentos ministeriales prevén elevar cada año natural al Consejo de Ministros, se deduce que el Gobierno abona cada año esta espiral. El mencionado plan contempla para 2024 hasta 198 iniciativas, de las cuales 149 son simples decretos que, al no superar el rango de reglamento, no precisan estudio ni votación en las Cortes, resultando suficiente el beneplácito del Ejecutivo. En síntesis, tres de cada cuatro iniciativas previstas para el ejercicio 2024, el 75 % de la producción legislativa, serán meros decretos del Gobierno.

Los exiguos 148 escaños que aglutina en la XV Legislatura la coalición de Gobierno impiden a Sánchez gobernar siquiera por decreto ley; norma que, pese a emanar del Poder Ejecutivo (y no necesitar una medida de intervención o autorización previa del Parlamento), requiere una convalidación durante los treinta días siguientes a su aprobación. Si ya hemos explicado las consecuencias indeseables en términos de rigor democrático de gobernar por decreto ley, por no mediar urgencia ni necesidad alguna (art. 86 de la CE), con mayor motivo se entenderá el significado de hacerlo a base de reglamentos, normas que, por su menor rango en la jerarquía normativa, se dirimen y aprueban en Consejo de Ministros, eludiendo así la discusión parlamentaria, en Comisión y en Pleno, en cada una de las dos Cámaras.

La perspicaz solución de Sánchez para combatir la ingobernable composición de la Cámara Baja fue volar por debajo del radar del control al Ejecutivo; embozando de paso la inviabilidad de su proyecto de gobierno, a la vista de su fragilidad parlamentaria.

Y es que, pese a la nube de siglas de la coalición de gobierno conformada a partir de un escueto desenlace electoral de 121 escaños, la suma de votos no le procura una mayoría estable y suficiente. Y no pudiendo las Cortes, en estas circunstancias, «ejercer la potestad legislativa del Estado» (art. 66 CE), y al exclusivo fin de mantenerse en el poder, el Ejecutivo se ha arrogado la tarea legislativa mediante la perniciosa técnica antes descrita de legislar puertas adentro del Palacio de la Moncloa, la sede del Ejecutivo. Algo que, también hay que decir, ocurre ante la mirada atónita de unos y la indiferencia, el hartazgo y la pasividad de otros. Conviene reflexionar sobre las razones por las que tal circunstancia no le habría sido consentida a ningún otro gobierno anterior, de uno u otro color político, ni por la oposición ni por la propia sociedad.

LOS INTENTOS REITERADOS DE DOMEÑAR LA JUSTICIA Y EL ESCASO DISIMULO CON QUE SE PERPETRA

Los intentos de abatir y humillar a la Justicia, inquietantes en número y trascendencia, se han convertido en noticia recurrente durante la XV Legislatura. El Gobierno, empecinado en su control, ha construido el falaz argumentario de que la voluntad del pueblo español es la de la mayoría del Congreso de los Diputados. Haciendo coincidir la voluntad de unos pocos con el ánimo o la intención de todos, el camino para la élite gobernante queda expedito. Pero el discurso se sustenta en, al menos, dos embelecos; porque ni la voluntad del pueblo ha de buscarse exclusivamente en el Poder Legislativo, ni tal potestad corresponde en soledad al Congreso de los Diputados, sino a las Cortes Generales, compuestas por dos Cámaras: el Congreso y el Senado. De esta forma, tan lícita es la escueta y disímil mayoría conformada por el PSOE y sus socios en el Congreso como escrupulosamente legal resulta la hegemónica y abrumadora mayoría de que dispone el PP en el Senado.

El profesor Sosa Wagner (2023) señala los «ataques tremendos» que sufre el Poder Judicial por parte del Ejecutivo, como también los nombramientos del Gobierno para el Tribunal Constitucional, en los que no se ha pretendido trasladar la más mínima imagen de independencia, «sino más bien al contrario». Escaso resulta muchas veces el disimulo del Gobierno, «como si quisiera trasmitir el mensaje de que hace lo que quiere porque él es el que manda». El día a día democrático requeriría, en verdad, una cierta elegancia.

Uno de los casos más llamativos de injerencia entre poderes remite al entorno familiar del propio presidente del Gobierno tras la imputación de su esposa, Begoña Gómez, a quien el Juzgado de Instrucción número 41 de Madrid comunicó el 24 de abril de 2024 la incoación de diligencias previas para investigarla por la presunta comisión de los delitos de «tráfico de influencias» y «corrupción en el sector privado».

A las consignas dictadas en desdoro del juez instructor, aireadas con perseverancia por portavoces oficiales del partido, del grupo parlamentario y del Gobierno, auxiliados a su vez por ministros voluntarios en función de alborotadores pregoneros, se sumó ese mismo día la carta que Pedro Sánchez remitió a los españoles a través de una red social, en la que, en tono victimista, dejó entrever la posibilidad de abandonar la Moncloa apesadumbrado por los acontecimientos. Algo insólito y sin precedentes en un primer ministro.

Cuando el 4 de junio, ese mismo juzgado citó a declarar a Begoña Gómez, ya en calidad de imputada, Sánchez depositó una segunda epístola a los españoles en el buzón de la paciencia ciudadana. Al margen de calificar de «gran bulo» las sospechas que se cernían sobre su mujer, el presidente del Ejecutivo calificaba de «extraño» que el anuncio del juez se hubiera producido «solo cinco días antes de que se celebren elecciones al Parlamento Europeo». Y concluía su misiva con unas palabras turbadoras: «Habitualmente, se ha seguido la regla no escrita de no dictar resoluciones susceptibles de condicionar el desarrollo normal de una campaña electoral y, por tanto, el voto de los ciudadanos».

Sensu contrario, habríamos de inferir que los jueces jamás —hasta ahora— habrían dictado sentencias capaces de incomodar a una organización política en la antesala de unas elecciones. Aunque esto sería tanto como mostrar la prueba de una flagrante prevaricación. Las noticias se escribirían por miles, dentro y fuera de España, en torno a una sola conclusión: los jueces españoles tienen por costumbre no publicar a su debido tiempo las sentencias que redactan —«hasta ahora», diría Sánchez—.

¿Quiere decirnos con esto el presidente que el *tempo* de la justicia ha de acomodarse a las necesidades y vicisitudes electorales y políticas? Porque, así las cosas, estaríamos ante un pasmo de dimensión internacional que afectaría a la condición democrática de nuestro país. Por fortuna, la casuística y la hemeroteca desmienten esta invocada praxis judicial, y la interpretación gubernamental, se mire por donde se mire, resulta inadmisible.

¿Esperaba el presidente que los tribunales le dispensaran una especial consideración, por deferencia? ¿Tal vez, disponiendo unos plazos *ad hoc* y con ello un tratamiento diferenciado, acaso preferente?

De planteamientos semejantes, reiterados por los miembros del Gobierno hasta la saciedad, se deduce una procaz noción del ejercicio del poder, «una concepción indecorosa e inquietante del Estado de derecho que ha exigido la profanación de la separación de poderes», dice Amón (2024) tras lo ocurrido en el acto de apertura del año judicial 2024/2025, donde la magistrada Isabel Perelló, recién nombrada presidenta del Tribunal Supremo y del Consejo General del Poder Judicial, se vio obligada a recordar en presencia del rey el concepto de «independencia judicial», como «piedra angular de nuestro Estado de derecho»:

> Señor [...]. Ningún poder del Estado puede dar indicaciones ni instrucciones a los jueces y magistrados sobre cómo han de interpretar y aplicar el ordenamiento jurídico. Solo aquellos Estados en los que la división de poderes está garantizada son realmente Estados de Derecho. De ahí la importancia de salvaguardar la independencia judicial frente a posibles injerencias externas. El Poder Judicial es diseñado en nuestra Constitución como un auténtico poder, al lado del Ejecutivo y del Legislativo, con su independencia blindada y con un órgano de gobierno propio con plena autonomía.

Caracteriza el actual estado de cosas el incumplimiento sistemático —y reiteradamente tolerado— de la Constitución. Es el caso del título VI, «Del Poder Judicial», y los artículos 122 y 124, relativos al CGPJ y a la Fiscalía, y la «sujeción» de esta última a los principios de «legalidad e imparcialidad».

La determinación de nuestros líderes de preservar el poder a toda costa es tan visible como la falta de pudor que acompaña el ejercicio de su responsabilidad; un propósito en nada coincidente con el bien común, la utilidad pública o la razón de Estado. La pérdida de credibilidad internacional de nuestro país es necesariamente preocupante y clamorosa.

De la calamidad que nos procura la actual clase dirigente se deducen por el momento distorsiones visibles del sistema parlamentario que consagró la Constitución de 1978: del régimen electoral y de los partidos políticos, organizaciones de «interés público» nacidas con el nominal propósito de «promover la participación de la ciudadanía en la vida democrática y contribuir a la integración de la representación nacional», así como injerencias y presiones que amenazan la independencia de jueces (y fiscales), del Gobierno y la Administración, el Estado autonómico, la política exterior y europea, y la economía.

Conviene aclarar también que el retroceso democrático que caracteriza el momento presente no es, en absoluto, responsabilidad de la Constitución de 1978; y no obedece, como algunos plantean, a errores, carencias o anacronismos de su redacción, sino, bien al contrario, a su incumplimiento sistemático y a la adulteración no solo de su letra, sino «de su espíritu». La causa habría de buscarse más bien en el adanismo de una casta política caracterizada por su bisoñez, su escaso o nulo conocimiento de la vida cotidiana; su incompetencia flagrante; su dependencia económica; su indigencia moral e intelectual, camuflada en el mejor de los casos por una elocuencia más o menos ingeniosa, aunque verborreica las más de las veces, detrás de la cual no hay más sustrato ni contenido que una insolente y atrevida vacuidad.

Y es este justamente el caldo de cultivo perfecto y necesario para el crecimiento de todos los problemas presentes. Entre ellos, el populismo, la polarización, la crispación y la oportunidad de los autócratas, siempre al acecho.

Resulta evidente e imperdonable el irresponsable afán del estamento político por dividir a los españoles. «La situación es preocupante y no invita a la complacencia», asegura el profesor Sosa Wagner (2023), quien afirma: «Asistimos a un deterioro grande de las instituciones básicas del Estado que contribuye a degradar la democracia». El quebranto democrático que vive el país no es responsabilidad de la ciudadanía, en verdad, sino de la clase dirigente.

Sosa Wagner muestra su preocupación también por el menosprecio y la progresiva erosión de las convicciones básicas que sustentan nuestro patrón político; singularmente, la «unidad de la Nación española, patria común e indivisible de todos los españoles» (art. 2. CE) y la monarquía parlamentaria como «forma política del Estado español» (art. 1.3. CE). Resulta desazonador la existencia de discrepancias en torno a consensos básicos como los mencionados, y aún más alarmante que las organizaciones separatistas inspiren los idearios del Partido Socialista y condicionen la actividad del Gobierno. Aun así, lo más desolador —dice Sosa— es contemplar cómo la clase política se dedica a «azuzar la confrontación entre los ciudadanos», mediante el uso de un lenguaje beligerante y a través de la acción política: «Llevar la crispación a la ciudadanía es muy peligroso porque deteriora la convivencia».

Sumemos a lo antedicho la errática y deplorable deriva de algunas organizaciones políticas; la pérdida de la vocación y del empeño que caracterizó otros momentos de nuestra historia reciente de alcanzar acuerdos de Estado con los rivales políticos, pactos y actitudes que son inherentes y consustanciales al modelo democrático; o la casi normalizada falta de lealtad que, en terminología alemana —«lealtad federal»— expresa una relación de confianza mutua entre el Estado central y los Estados miembros: «Un principio que pertenece a las normas constitucionales inmanentes de la Ley Fundamental que regulan las relaciones entre el *Bund* y los *Lander,* y que la jurisprudencia del Tribunal Constitucional Federal ha desarrollado y concretado con más detalle» (Faller, 1980).

Las consecuencias del menosprecio que dispensa la clase política a buena parte de las normas y fundamentos que inspiran la Constitución de 1978 son numerosas y variadas. Entre ellas: la exorbitante división de la opinión pública en polos opuestos e intratables, partición que convierte al discrepante en enemigo a aniquilar y destierra los conceptos de conciliación y concordia; la degradación del sistema parlamentario y, de forma llamativa, la extraordinaria deriva presidencialista; la consiguiente merma reputacional que ello implica: el descrédito (más de *facto*, que de *iure*) de nuestro sistema representativo; la ofensiva sistemática a la administración de Justicia que inflige la casta política, sin sonrojo alguno ya a estas alturas; la usurpación por parte del Ejecutivo de áreas vetadas a la acción de gobierno, a fin de preservar el principio de división de poderes; la práctica de una suerte de «entrismo» que compromete la independencia de las instituciones, urdiendo futuras mayorías que orienten el sentido del voto y facilitan el cumplimiento de objetivos políticos y estratégicos ajenos al cometido institucional y en absoluto alineados o coincidentes con las necesidades de los ciudadanos; la falta de coherencia y coordinación de nuestro Estado autonómico; las carencias y disfunciones del régimen electoral; la mutación de la *acción política* de los partidos en mera propaganda; y, en consecuencia, la desafección ciudadana —si no, directamente aversión— hacia la política y los políticos. Poco tiene que ver, lamentablemente, la praxis actual del *establishment* en España con el concepto de «acción política» definido por Hannah Arendt como «actividad mediante la cual resulta posible la construcción y transformación del mundo».

Siendo cierto que «sin el derecho, no puede hacerse nada efectivo y duradero», verdad es también que «el derecho no lo puede todo», recuerdan los autores. Y por tal razón convienen en que la solución de los problemas presentes precisa del cumplimiento de las normas, como también de un cambio de actitud de los partidos y las instituciones; y necesariamente requiere «determinadas reglas políticas, sin las cuales ni la democracia, ni la autonomía política territorial, ni el parlamentarismo, pueden funcionar adecuadamente».

Se sugiere aquí una comprometida cooperación internacional entre países de la órbita occidental que nos permita afrontar con eficacia los comunes contratiempos y vicisitudes geopolíticas, sociales y económicas que nos acucian, y combatir la merma incontrovertible que afecta a nuestras respectivas democracias; algo que en España se observa con singular vehemencia.

Pero para poder intervenir de manera real en esa mancomunidad resulta necesario que España resuelva primero sus propios problemas, pues la pertenencia a la Unión Europea no conlleva un blindaje automático y suficiente contra la degradación propia, que solo nosotros nos hemos procurado.

Se impone una sincera discusión sobre la salud de nuestras instituciones democráticas; una reflexión sobre su etiología y su eventual reparación, porque, más allá del color de la formación política que nos gobierne, el embarazoso problema que encaramos es la mismísima perpetuación del modelo constitucional vigente, algo que se acentúa «después de la eliminación del delito de sedición auspiciada por el Ejecutivo», y que empeora «la situación menguante de la democracia española».

Desde la investidura de Pedro Sánchez como jefe del Ejecutivo en junio de 2018, tras una moción de censura interpuesta contra el entonces presidente Mariano Rajoy, se han sucedido y aún suceden acontecimientos importantes para la marcha de la democracia que conocimos.

Los autores del libro convienen, reiteramos, en que los problemas de España no son en absoluto derivados de la Constitución. En cuanto a su reforma, el 7 de octubre de 2003, con motivo de la celebración del XXV aniversario de la Constitución española, el abogado Miquel Roca i Junyent, «padre» de la Constitución, pronunciaba estas palabras en el Parador Nacional de Gredos, en Ávila: «Que las eventuales reformas del texto constitucional que el futuro pueda aconsejar deben acomodarse a las reglas del juego que la propia Constitución establece y abordarse con idéntico o mayor consenso al que presidió su elaboración» (párrafo octavo de la Declaración de Gredos).

Y fuera ya de protocolo, afirmaba Roca que la Constitución no es un dogma, que si es necesario podría cambiarse, pero «con consenso y para mejor, no por el trágala y a peor»; y que «en este consenso deberían estar todos o, como mínimo, aquellos que la hicieron posible».

- El día en que en España se oficialice que una Constitución puede cambiarse por mayorías simples o aritméticas, estamos viendo que cada mayoría tiene derecho, coyunturalmente, a cambiar la Constitución y esto nos haría un daño enorme. Sería volver a las andadas, volver a las constituciones no fruto de un pacto sino fruto de mayorías políticas coyunturales. Sería un gran error que, quienes lo pagarían más, lógicamente, son aquellos que, constituyéndose en una minoría más o menos estable, pueden aportar cualificadamente algunas cuestiones, pero que nunca tendrán la capacidad de conformar por sí solos mayorías y, por lo tanto, nunca podrán, desde la exigencia del consenso, aportar, compartir la responsabilidad de la conjugación de las reglas básicas de convivencia en el conjunto de España.

- Sobre el debate que actualmente se está viendo sobre si reforma o no, no hay que dogmatizar, no hay que sacralizar. La Constitución puede ser reformada —está previsto—, pero obviamente debería saberse muy bien para qué, en qué dirección, y con un amplio consenso. Sin mantener este amplio consenso que la hizo posible, cualquier reforma puede acabarse pagando muy cara para el futuro de la convivencia democrática y pacífica en España.

- Nunca España había vivido en su historia moderna y contemporánea 25 años de normalidad institucional y democrática. Entonces, ¿qué nos falta para decir que esta Constitución ha funcionado muy bien?

- Por convicción me declaro adicto de la Constitución y me interrogo a veces: ¿qué nos pasa al conjunto de la sociedad en España que esto de la normalidad la llevamos mal?

Hitos de un reinado o la legitimación de un rey

Hasta la fecha de cierre de este ensayo, el reinado de Felipe VI está jalonado por los siguientes hitos, comenzando por un acontecimiento previo, que denominamos «cero» y evoca la abdicación del padre, Juan Carlos I, decisión que dio lugar al inicio de su encomienda como rey de España.

Hito 0, de 2 de junio de 2014. Mensaje del rey Juan Carlos; o la despedida ¿imprevista? de un rey joven; o los reyes ya no mueren en la cama

La leyenda de Juan Carlos I, el rey que impulsó la democracia, comenzó a desvanecerse a partir del escándalo de corrupción protagonizado por su yerno, Iñaki Urdangarin, y de su desafortunada vida personal.

El 13 de abril de 2012, durante su participación en una cacería de elefantes en Botsuana, de la que disfrutaba en compañía de la exprincesa Corinna Larsen, sufrió un accidente que terminó con un precipitado regreso a España y una operación en la cadera. El 18 de abril, tras recibir el alta, en el mismo hospital donde fue intervenido de urgencia, don Juan Carlos pronunció el discurso más breve de entre sus más de 1500 alocuciones acumuladas a lo largo de casi cuatro décadas de reinado (Ventero, 2011 y 2012): «Lo siento mucho. Me he equivocado y no volverá a ocurrir».

Once palabras supusieron «el principio del fin» (Pina, 2024), y con ellas, ciertamente, saltó por los aires la célebre acuñación del dos veces primer ministro británico, Benjamin Disraeli, *Never complain, never explain*, que aconsejaba a la realeza no quejarse en público y no dar nunca explicaciones. Algo que Isabel II cumplió a rajatabla.

Pero si la situación personal del monarca español resultaba por sí sola extremadamente comprometida, la inestabilidad política que se aproximaba hacía literalmente insostenible su continuidad en el trono. Soplaban nuevos vientos y Juan Carlos, con su acreditado olfato político, ese mismo año, encargaba al entonces jefe de la Casa, Rafael Spottorno, organizar en silencio su renuncia, al tiempo que él se afanaba en preparar una nueva vida en Londres, junto a la empresaria alemana.

Inmerso en esa dinámica, Juan Carlos y Corinna pasaron en Londres las Navidades de 2013. Como cada año, durante casi cuatro décadas, el 6 de enero, Juan Carlos debía presidir los actos de celebración de la Pascua Militar; una ceremonia cuyo origen se remonta al año 1872, durante el reinado de Carlos III. El acto lo preside el jefe del Estado y (simbólico) «mando supremo de las Fuerzas Armadas» (art. 62h de la CE), que ofrece además un esperado discurso en presencia de las más altas instituciones del Estado.

Pero tanto estiró el rey sus vacaciones que la nada inhabitual niebla londinense le impidió abandonar la isla con tiempo suficiente para preparar en conciencia el acto y su alocución en España. El vuelo se retrasó y el monarca llegó al Salón del Trono del Palacio Real de Madrid sin el descanso necesario, descentrado, titubeante y confuso. Trastabillándose a cada paso, eludió incluso alguno de los párrafos escritos, y el acto se convirtió en un triste espectáculo que nadie de los allí presentes sabía a qué atribuir. Por si aquello fuera poco, veinticuatro horas después, la infanta Cristina era imputada por el juez del caso Nóos (Pina, 2024).

El 2 de junio de 2014, sumido en una situación personal y política insostenible, y previa comunicación al presidente del Gobierno, don Juan Carlos transmitió a los españoles la decisión de «abdicar la Corona de España». Renunciaba al trono tras cuatro décadas de ejercicio, con un argumento de necesidad: dar paso a «una generación más joven, con nuevas energías, decidida a emprender con determinación las transformaciones y reformas que la coyuntura actual está demandando, y a afrontar con renovada intensidad y dedicación los desafíos del mañana». En su mensaje, calificaba a su hijo Felipe como una persona madura, responsable y preparada «para asumir con plenas garantías la Jefatura del Estado y abrir una nueva etapa de esperanza en la que se combinen la experiencia adquirida y el impulso de una nueva generación». Afirmaba, además, que el heredero «es seña de identidad de la institución monárquica» y se encuentra en «inmejorables condiciones de asegurar la estabilidad que encarna. De esta forma, Juan Carlos de Borbón y Borbón, con setenta y seis años cumplidos, puso fin a su reinado, expresando su gratitud al pueblo español, y afirmando guardar «siempre a España en lo más hondo de mi corazón».

Hito número 1, de 19 de junio de 2014. Discurso de proclamación de Felipe VI; o «no es un hombre más que otro si no hace más que otro»

El 19 de junio de 2014 Felipe de Borbón y Grecia llegaba al Congreso de los Diputados vestido con el uniforme de gran etiqueta del Ejército de Tierra, después de que su antecesor, el ya emérito rey Juan Carlos, le impusiera el fajín de capitán general en el Palacio de la Zarzuela.

Un batallón compuesto por escuadra de gastadores, bandera, banda y música, y cuatro compañías de los tres Ejércitos y la Guardia Civil rindieron honores a Felipe VI, quien, después de pasar revista a las tropas, llegaba a la Puerta de los Leones, engalanada con un gran pendón, con el escudo de España. Recibido al pie de la escalinata por los presidentes del Congreso y del Senado, Jesús Posada y Pío García-Escudero, respectivamente; y ya dentro de la Cámara Baja, los nuevos reyes saludaban a los miembros del Gobierno.

Sobre un facsímil de un ejemplar histórico de la Constitución española de 1978, firmado por su antecesor y los presidentes de las Cortes Constituyentes, frente a la Corona y el cetro, símbolos de la monarquía española, don Felipe pronunciaba el juramento previsto en el artículo 61 de la Constitución —«desempeñar fielmente sus funciones, guardar y hacer guardar la Constitución y las leyes y respetar los derechos de los ciudadanos y de las Comunidades Autónomas»—; el mismo juramento que, en calidad de príncipe heredero, prestó al alcanzar la mayoría de edad, así como el de fidelidad al rey. En este caso lo hacía para ser proclamado rey de España.

Ya en el uso de la palabra, don Felipe defendía una «España unida y diversa, basada en la igualdad de los españoles, en la solidaridad de los pueblos y en el respeto a la ley»; una España en la que «cabemos todos; [...] todos los sentimientos y sensibilidades, [...] todas las formas de sentirse español».

El desafío soberanista de Cataluña se convertía en uno de los ejes principales de su primera alocución como rey. Ante un auditorio en el que se encontraban presentes todos los presidentes autonómicos —incluido el catalán, Artur Mas—, y en plena ofensiva soberanista, Felipe VI defendía la necesidad de que los ciudadanos «recuperen y mantengan la confianza en sus instituciones»; y afirmaba una España en la que «no se rompan nunca los puentes del entendimiento». Los sentimientos, añadía el monarca, «no deben nunca enfrentar, dividir o excluir, sino comprender y respetar, convivir y compartir». En ese sentido, hacía un llamamiento a «trabajar juntos», cada uno con «su propia personalidad y enriqueciendo la colectiva», porque «una Nación no es solo su historia», sino también un «proyecto integrador, sentido y compartido por todos, que mire al futuro».

Felipe VI manifestaba su «convicción personal» sobre la utilidad de la monarquía parlamentaria —que «puede y debe seguir prestando un servicio fundamental a España»— y también los argumentos que cimientan o sostienen este credo:

La independencia de la Corona, su neutralidad política y su vocación integradora ante las diferentes opciones ideológicas le permiten contribuir a la estabilidad de nuestro sistema político, facilitar el equilibrio con los demás órganos constitucionales y territoriales, favorecer el ordenado funcionamiento del Estado y ser cauce para la cohesión entre los españoles.

El monarca hacía pedagogía recordando el origen, el sentido y el alcance de su magistratura, exhibiendo con humildad sus propios límites. Comenzaba «el reinado de un rey constitucional» que accede a la Jefatura del Estado gracias a una constitución democrática, «refrendada por los españoles». «Un rey —dice de sí mismo— que debe atenerse al ejercicio de las funciones que constitucionalmente le han sido encomendadas y, por ello, ser símbolo de la unidad y permanencia del Estado, asumir su más alta representación».

«Que los principios morales y éticos inspiren —y la ejemplaridad presida— nuestra vida pública» reclama la sociedad, ciertamente, y recuerda el rey. Rey que ha de ser, «no solo un referente, sino también un servidor de esa justa y legítima exigencia de todos los ciudadanos», decía sobre sí mismo don Felipe en un momento de notable impopularidad de la institución, tras los escándalos protagonizados por diferentes miembros de la familia real. El monarca aseguraba que encontrarían en él un jefe de Estado «leal y dispuesto a escuchar, comprender; a advertir y a aconsejar, y también a defender siempre los intereses generales». Un rey que respetará la separación de poderes del Estado, incluida la independencia del Poder Judicial.

Emocionado, reivindicaba la figura de Juan Carlos I —«quería ser rey de todos los españoles. Y lo ha sido»— y recordaba como, invocando los valores defendidos por su abuelo, el conde de Barcelona, «mi padre» convocó a los españoles «a un gran proyecto de concordia nacional que ha dado lugar a los mejores años de nuestra historia contemporánea». En la persona del rey Juan Carlos, don Felipe rendía también agradecimiento a «una generación de ciudadanos que abrió camino a la democracia, al entendimiento entre los españoles y a su convivencia en libertad»; una generación que «bajo su liderazgo [...] construyó los cimientos de un edificio político que logró superar diferencias que parecían insalvables, conseguir la reconciliación de los españoles, reconocer a España en su pluralidad y recuperar para nuestra Nación su lugar en el mundo».

El nuevo rey, que acababa su discurso citando a Cervantes en boca de don Quijote —«no es un hombre más que otro si no hace más que otro»—, dijo sentirse «orgulloso de los españoles», y afirmó que «nada me honraría más que, con mi trabajo y mi esfuerzo diario, los españoles pudieran sentirse orgullosos de su nuevo rey». Por último, y no menos importante, se comprometió a:

> Respetar también el principio de separación de poderes y, por tanto, cumplir las leyes aprobadas por las Cortes Generales, colaborar con el Gobierno de la Nación —a quien corresponde la dirección de la política nacional— y respetar en todo momento la independencia del Poder Judicial.

Hito número 2, de 3 de octubre de 2017. Discurso en defensa de la Constitución y antídoto contra un referéndum ilegal; o del riesgo de «pasar a la historia como Felipe VI el Quieto»; o «el rey se hizo necesario y se revistió de legitimidad»

Aún hoy podríamos afirmar que Felipe VI pronunció el 3 de octubre de 2017 el discurso más importante de su reinado. Exorcizó el ansia nacionalista con los valores de la Constitución e insufló esperanza y tranquilidad a la mayoría de los catalanes y al resto de españoles. Ciertamente, el 1-O fue a Felipe VI lo que el 23-F había sido a Juan Carlos I.

En los días previos, dada la magnitud de los acontecimientos, don Felipe meditaba la necesidad de comparecer ante la nación y trasladar un mensaje de sosiego y seguridad. Con el *procés* en marcha, y la convocatoria de un referéndum ilegal para el primero de octubre, la situación política era literalmente insostenible.

Fueron días de información, meditación y consulta a los más prestigiosos juristas del país, en busca del mejor consejo. Buscó, cómo no, el de su propio padre, quien combatió el tenebroso episodio, resuelto felizmente, que supuso el golpe de 1981. Pero, ya en otros tiempos, muy diferentes a los de la recién inaugurada democracia, Felipe había de calibrar su verdadero margen de actuación como rey parlamentario, los límites de su intervención necesaria, los términos en que expresar el mensaje preciso y la oportunidad. ¿Cuándo y cómo hacerlo?

La presión se hacía insostenible. Un conocido escritor y periodista, Alfonso Ussía, monárquico confeso, escribía en

Twitter el 2 de octubre una viral advertencia: «O el Rey habla como hizo don Juan Carlos el 23-F o puede pasar a la historia como Felipe VI el Quieto».

El 3 de octubre, el presidente del Gobierno lee el texto íntegro del mensaje que prepara don Felipe. Rajoy no manifiesta en su presencia ningún reparo; algo que, al parecer, sí expresa después a su equipo de confianza. Las líneas maestras de la alocución las conoció también el entonces líder de la oposición, Pedro Sánchez, quien propone una invocación al «diálogo» que el rey no contempla. «Felipe VI desea aproximarse a la sugerencia de Sánchez, aunque no pueda asumirla literalmente ni por entero», asegura Zarzalejos (2022). Tan solo al término de sus palabras, el rey apelará a «mi entrega al entendimiento y la concordia entre españoles».

Meditada así la fecha, compartida con el Gobierno en busca de su imperativo refrendo y recabada también la conformidad de la oposición «constitucionalista», el martes 3 de octubre, a las nueve de la noche, don Felipe comparecía ante la nación acertadamente ataviado con un traje oscuro, no militar; y asistido por una austera y atinada realización televisiva que, ajena a cualquier tentación de postín, encadenaba uno tras otro una sucesión de planos cortos que se limitaban a dar cuenta del rostro serio del monarca, el que correspondía a la gravedad del momento.

El movimiento acompasado de sus manos subrayaba su tono categórico, la contundencia de sus mensajes sobre los «momentos muy graves para nuestra vida democrática» que «estamos viviendo». Felipe VI ponía de manifiesto la perfidia del Gobierno catalán, instalado con su actitud «al margen del derecho y de la democracia», y comprometía su palabra de que el Estado cumpliría su deber de «asegurar el orden constitucional».

«La tutela de la Constitución, el principio de unidad territorial y el papel integrador de la Corona adquirieron una dimensión terapéutica frente a la psicosis nacional. El rey se hizo necesario. Y se revistió de legitimidad», decía Amón (2018).

No se pronunció frase alguna en catalán porque era un mensaje a la nación. Prometió amparo, eso sí, a los españoles que en Cataluña se sentían abandonados —«no están solos ni lo estarán»—; y muchos de ellos, bien es cierto, perdieron el miedo en las numerosas manifestaciones convocadas a favor de la unidad de España.

Pero es cierto también que el discurso mostró con claridad la fractura de la sociedad catalana. Durante los seis minutos que duró su alocución, no se escuchó la llamada al diálogo que una parte de la ciudadanía catalana dijo esperar, anhelo que no dejaba de ser sorprendente. Porque, más allá de la deslealtad manifiesta de los promotores del *procés* y de los delitos, perpetrado uno —el referéndum ilegal— y camino de sustanciarse el siguiente —la declaración de independencia—, ¿acaso alguien podía esperar del rey —símbolo de la unidad de España (y de su permanencia) (art. 56 CE)— una invocación al diálogo con los separatistas?

El 3-O Felipe VI «se ganó al país, aunque de alguna manera perdió Cataluña», decía Apezarena (2023); salvó «la Corona en el episodio más crítico de nuestra democracia, solo comparable al 23-F de 1981», afirmaba Zarzalejos (2022); y se apostó la Corona a una carta llamada España. En verdad, no había alternativa.

MEMORIA DEL DISCURSO, SIETE AÑOS DESPUÉS (2017-2024)

Según la encuesta de Sociométrica para *El Español*, publicada en junio de 2024, «el 68 % de los españoles aprueba el discurso de Felipe VI contra el golpe del 1-O y el 63 % dice que da prestigio a España». Un 61 % considera que el rey «mantiene la neutralidad política» (61%) y el 58 % que «preserva el orden constitucional».

El 68,7 % de los encuestados recuerda el mensaje como muy «adecuado» frente a un 20,8 % que lo considera «inadecuado».

El sesgo ideológico de los encuestados arroja unas muy diferentes percepciones: la alocución satisfizo al 92,1 % de los votantes del PP, al 86,8 % de los fieles de Vox y al 79,1 % de los seguidores de Se Acabó La Fiesta. Entre los votantes socialistas, sin embargo, el discurso generó una discreta satisfacción: el

41,9 % lo recuerda hoy como «inadecuado» o «muy inadecuado». En el caso de los nacionalistas la intervención del rey alcanzó una desafección del 67,1 %.

Los excesos y desafueros del rey Juan Carlos en las postrimerías de su reinado, unidos a los pactos del gobierno de varias cabezas que emergió tras la moción de censura de 2018, conformaban la tormenta perfecta para que la república, por acción de la gravedad, cubriera «el vacío del desterrado» (Ramírez, 2024).

Don Felipe, sin embargo, en esta primera década caracterizada por la ejemplaridad y un ejercicio firme y responsable, ha devuelto el crédito y la consideración a la Corona, al tiempo que se ha granjeado unas cotas de popularidad que, inalcanzables para cualquier político, se asemejan a las que exhibió el líder indiscutible que fue su padre durante la Transición democrática.

La Corona vuelve a erigirse en «referencia transversal y unificadora», en «tabla de salvación» y «bastión final de las libertades constitucionales», dice Ramírez (2024), «capaz de situar el interés general en un plano superior al de las trifulcas políticas».

El artículo 28 de la Constitución francesa de 1793 determina que el pueblo siempre tiene derecho a revisar, reformar y cambiar su Constitución; como también que «una generación no puede imponer sus leyes a las generaciones futuras». De otro modo, si una generación decide separarse de la nación a la que perteneció durante siglos, no solo está traicionando a quienes durante tanto tiempo la integraron, sino que está condicionando la vida de generaciones venideras, decisión de extrema gravedad, por cuanto no cabe aquí vuelta atrás a tales reformas, como ocurre en el caso de las constituciones, advertía De Esteban (2012).

Cataluña fue una de las regiones dc España en que más se votó la Constitución de 1978. Y la idea de que la opinión del pueblo (catalán, por supuesto) no puede someterse a los rigores de la Constitución («corsé constitucional») atenta contra la esencia misma del Estado de derecho, «que se basa en el respeto a la jerarquía de las normas, empezando por la primera de ellas», decía De Esteban. Hemos de tener presente que las constituciones someten a los representantes políticos a reglas de conducta y a principios de decisión que no han sido definidos por ellos, sino por quienes integran el pueblo soberano. Este, en su conjunto nacional, expresa su voluntad suprema en la Constitución y no en la ley, que es la expresión de la voluntad de sus representantes (De Esteban, 2012). Saltar por encima de la Constitución so pretexto de «respetar» la voluntad del pueblo (catalán, por supuesto) significa malograr una tarea titánica librada durante siglos hasta la conceptualización e implantación del Estado de derecho. De ahí que haya «pocas cosas más peligrosas en una democracia que un Gobierno que se sitúa por encima de la Constitución y de las leyes, mientras que, sin embargo, sigue exigiendo obediencia a sus ciudadanos» (De Esteban, 2012).

Hito número 3, de 15 de marzo de 2020. Los escándalos de la familia real, las cuentas del emérito y la imputación de la infanta; o su condición de hijo y hermano, sometida al imperativo de la ejemplaridad

Tras la inesperada noticia de la abdicación de Juan Carlos I, adalid del cambio y muro de contención del golpe de 1981, el 19 de junio de 2014 se inauguraba el reinado de Felipe VI, arduo por razones políticas y doloroso por los escándalos que afectaban a su propia familia. La conjunción de ambos planos hizo presagiar la peor suerte para una institución que, hasta entonces, había sido la más valorada por los españoles.

El primero de los asuntos a tratar por el nuevo rey fue la implicación de la infanta Cristina en el caso Noos. Tras la infructuosa invitación de don Felipe a que renunciara a sus derechos de sucesión al trono, el rey ordenaba en junio de 2015 retirar a su hermana el ducado de Palma. La decisión supuso la materialización de un compromiso manifestado en su mensaje de proclamación, pronunciado el 19 de junio de 2014 ante las Cortes Generales, en el que Felipe VI afirmó encarnar «una monarquía renovada para un tiempo nuevo». Pero al *affaire* de la infanta Cristina se sumaba otro de mayor dimensión y protagonizado por su propio padre: su obligada rendición de cuentas con Hacienda. Tras conocerse que el ya rey emérito ocultaba parte de su patrimonio en una sociedad *offshore*, el 15 de marzo de 2020 Felipe VI decidió excluirle de las retribuciones de la familia real y prescindir al tiempo del patrimonio que pudiera corresponderle como hijo. Don Felipe optó por la transparencia y la ejemplaridad.

Nadie ha resumido con igual acierto las primeras decisiones de Felipe VI como el expresidente del Senado, Juan José Laborda: «Su condición de hijo y hermano quedó sometida al imperativo de la ejemplaridad». Estos asuntos familiares, de magnitud nada despreciable, se producían además en un contexto político y social enrarecido por al menos dos razones: 1.ª) la irrupción de nuevas formaciones (C´s, Vox, Podemos…) que polarizaron el mapa electoral; y 2.ª) la espiral secesionista y republicana que, formando un nítido frente común, se materializaba en el inicio en 2012 del proceso soberanista de Cataluña, el referéndum ilegal del 1 de octubre de 2017, la declaración de independencia y, en consecuencia, entre ambas fechas, el 3 de octubre de 2017, su extremadamente complejo discurso a la nación.

Hito núm. 4, de 31 de octubre de 2023. La princesa de Asturias jura la Constitución ante las Cortes; la misma Constitución que los socios del Gobierno cuestionan y rechazan

El 31 de octubre de 2023 España vivía un momento de reafirmación democrática, porque lo que se celebraba no era el dieciocho cumpleaños de una joven miembro de la «generación Z», que también, sino el sometimiento de la princesa de Asturias a los rigores de la Constitución que los españoles votaron en 1978. Constituía el paso previo de un contrato solemne de servicio y de lealtad que la heredera del trono suscribiría con un pueblo soberano, a cuyo único y exclusivo servicio se entregará el día en que se convierta en titular de la Corona que hoy encarna su padre, Felipe VI.

Leonor juraba su compromiso de «desempeñar fielmente sus funciones, guardar y hacer guardar la Constitución y las leyes, y respetar los derechos de los ciudadanos y de las Comunidades Autónomas». Lo hizo porque así lo determina la Constitución (art. 61), con la singularidad añadida respecto de otras tradiciones de que el juramento lo realizará dos veces a lo largo de su vida: el mencionado día 31 de octubre de 2023, fecha en que alcanzó la mayoría de edad, y aquel, aún indeterminado, en que inicie su reinado. Este plus de legitimidad no hace sino subrayar la sujeción de la futura reina y jefa del Estado español a la expresión democrática de la soberanía popular.

Entre 1977 y 1978, las Cortes Constituyentes discutieron libremente sobre las funciones de un rey que habría de limitar ostensiblemente sus atribuciones, sobre un modelo inédito de Estado en el que el monarca carecería de poderes propios. Los partidos republicanos realizaron un encomiable ejercicio de responsabilidad y pragmatismo, empezando por los comunistas de Carrillo —«tras la tragedia de la guerra civil española, lo importante no era la forma de Estado, sino la reconciliación nacional»— y siguiendo por los socialistas, entre cuyos portavoces, Luis Gómez Llorente, previa reivindicación del origen republicano de su formación, explicaba: primero que «el socialismo no es incompatible con la monarquía cuando esta institución cumple con el más escrupuloso respeto a la soberanía popular»; y después que, «si democráticamente se establece la monarquía, en tanto sea constitucional, nos consideraremos compatibles con ella». Negar, a la vista de esta evocación, la posible conciliación entre los términos monarquía y democracia resulta no solo «políticamente inconveniente, sino también jurídicamente incorrecto», como explica con su habitual magisterio Manuel Aragón. La cuestión, al fin, no es tanto determinar cuál es la mejor forma de gobierno como aprender a construir y consolidar eficazmente las instituciones democráticas, a fin de «evitar o minimizar los daños que gobernantes incompetentes o deshonestos pueden causar» a la ciudadanía, recuerda con el mejor criterio Carmen Iglesias. La Constitución de 1978 aparcó esta disputa al implantar en España una monarquía racionalizada, en la que el sujeto de soberanía es el pueblo español y el régimen instalado se muestra respetuoso con los principios que caracterizan al Estado de derecho. En palabras de Álvarez Junco: «Convivir bajo unas mismas normas, compartir los valores básicos en que esas normas se inspiran», construir «instituciones fuertes, poderes separados e independientes, una cierta igualdad social y homogeneidad cultural»; y erradicar, en lo posible, «el nepotismo y la corrupción».

¡NO ES LEONOR! ES LA CONSTITUCIÓN, ¡ESTÚPIDOS!

El 30 de enero de 1986, el entonces príncipe de Asturias, Felipe de Borbón y Grecia, inauguraba la prescripción del art. 61 de la Constitución, por la cual el heredero, cumplida la mayoría de edad, presta en el Parlamento su primer juramento ante el pueblo soberano, allí representado. Presidía las Cortes el socialista Gregorio Peces Barba, y a tal solemnidad acudieron todos los presidentes de las comunidades autónomas, incluidos Ardanza y Pujol, *lehendakari* y presidente de los Gobiernos vasco y catalán, respectivamente. Solo una formación rehusó la invitación, Herri Batasuna, partido disuelto años después (2003), en tanto «parte» de la organización terrorista ETA, según determinó el Tribunal Supremo.

El 31 de octubre de 2023, treinta y siete años después, la lista de ausentes se incrementó notablemente: no comparecieron los presidentes de los gobiernos vasco y catalán; faltaron varios ministros del Gobierno en funciones; y también los líderes de buena parte de los partidos que en pocas fechas facilitarían la investidura de Sánchez. Pero la causa de su incomparecencia, lejos de ser Leonor de Borbón y Ortiz o la propia monarquía, fue la mismísima Constitución que estos partidos cuestionan y rechazan. Esa y no otra era la pieza que los variopintos socios de investidura, y hasta una de las dos formaciones que integraron el segundo Ejecutivo bipartito, pretendían cobrarse. Parafraseando a James Carville, *spin doctor* de la campaña electoral de Bill Clinton en 1992, diríamos que ¡no es Leonor! Es la Constitución, ¡estúpidos!, lo que está en juego.

¿Qué puede hacer el rey?; o ¿quién es «el (puto) amo», Alicia?

El prontuario de la monarquía «parlamentaria» lo escribió en 1867 Walter Bagehot, que cambió sus quehaceres en un banco por el periodismo en *The Economist.* Pero, además de redactor jefe del periódico, Bagehot fue autor de *The English Constitution*, un ensayo sobre una constitución no escrita, la inglesa, que se deduce de la reunión de documentos, normas, sentencias y tratados. La obra de este autor polivalente y prolífico mantiene hoy su vigor e inspira como ninguna otra la praxis diaria de un monarca parlamentario y el oportuno desempeño del modelo de democracia que elegimos en España hace casi cinco décadas, plasmado en la Constitución escrita —esta sí— de 1978.

En plena legislatura constituyente, el 29 de septiembre de 1977, el senador socialista Fernando Morán proponía evitar a toda costa que la figura del rey pudiera ser sometida a los avatares de la política, «no solo por el hecho de que excediera las competencias que se determinaran en la Constitución, sino precisamente por el riesgo que para la Institución se irrogaría». Morán formulaba a continuación una loa implícita a don Juan Carlos, afirmando que «un rey de gran sentido y sagacidad no desearía otras [competencias] porque, careciendo de ellas, le permitiría usar éstas con singular eficacia y sabiduría». Y continuaba afirmando que el rey «acaso no siempre pueda alterar el curso de la acción de su primer ministro, pero siempre puede influir en su pensamiento». Y para tranquilidad de quienes pudieran creer que, así las cosas, la figura del monarca resultaría «ayuna de competencias», el diplomático calificaba al rey como «la persona mejor informada del país», asesorado diariamente por los más competentes en cada materia; y también como «el personaje más influyente de la Nación». Y así debía ser —decía Morán—, puesto que, al mismo tiempo que su influencia, «tiene una enorme carga histórica sobre sus hombros». En verdad, las funciones que aquel proyecto de Constitución atribuía al rey se correspondían fielmente con las definidas por Bagehot en el momento fundacional de la monarquía parlamentaria en Inglaterra, las célebres «advertir, animar y ser consultado».

Ayuda a entender la filosofía que preside el día a día de los nuevos reyes democráticos el uso del llamado 'derecho de mensaje' o 'de comunicación' y los contenidos de los discursos, que han de circunscribirse a los muy estrechos márgenes de expresión propios de un rey parlamentario como el que felizmente tenemos en España. Decía en este sentido el filósofo y senador Julián Marías que, «más allá de la política, un jefe de Estado debe dirigirse a su pueblo para hablarle justamente del país; no de asuntos políticos concretos, sino de la significación del horizonte general de la Nación». Verdaderamente, ese es el terreno reservado a sus discursos, el de la política de Estado, ajena al cortoplacismo característico de los políticos, a su estrecha y muchas veces dogmática y sesgada mirada.

> Hay algo más que política; hay la personalidad de un país; su proyección histórica; toda una serie de temas que no pueden ser objeto de un discurso político, ni del presidente del Gobierno, ni de un diputado, ni de un senador», decía Marías: «la marcha general histórica y no política del país.

ESPAÑA 2024. ¿QUÉ PUEDE HACER EL REY?, SE PREGUNTAN

Tras una evolución de más de dos siglos, superados toda suerte de enfrentamientos, desavenencias, procesos revolucionarios, golpes de Estado, guerras y dictaduras; vencida la frustración histórica de no entendernos, demostrando que sí era posible la concordia; firmada en 1978 la primera Constitución de consenso que consagra una monarquía de carácter parlamentario, es decir, democrática; vividas más de cuatro décadas de sosiego y crecimiento, de avances en todos los órdenes, incluida la confianza ciudadana y la admiración internacional...

Con mencionado pasado, finalmente alentador; este, sin embargo, aciago presente; y un horizonte sin expectativas claras; con esta atmósfera enrarecida y este desgaste prematuro y súbito de las instituciones; esta actualidad caracterizada por la pérdida de rigor democrático, de injerencia entre poderes, de ineficiencia, incompetencia y parálisis; de peligrosa relajación de los controles democráticos; con las instituciones en horas bajas, involucionando en su rendimiento y prestigio... En estas circunstancias tan poco alentadoras, ¿qué puede hacer el rey democrático que consagra la Constitución?

Extraigamos de la actualidad algunos episodios determinados sobre los que formular preguntas también concretas.

¿Qué puede hacer el rey ante eventualidades del alcance de la celebración de un referéndum de independencia de Cataluña (1/10/2017), una declaración de independencia (27/10/2017) que proclamó el establecimiento de la República catalana como un «Estado independiente y soberano»; o un golpe Estado sostenido entre marzo de 2015 y octubre de 2017?, porque eso fue el *procés*. ¿Tal vez, dirigir un discurso a la nación porque, describiendo lo obvio, se habían «vulnerado de manera sistemática las normas aprobadas legal y legítimamente, demostrando una deslealtad inadmisible hacia los poderes del Estado»; o porque se habían «quebrantado los principios democráticos de todo Estado de derecho» y «socavadas la armonía y la convivencia en la propia sociedad catalana»; y, acaso por ello, era indicado que el jefe del Estado tranquilizara y recordara a los españoles —especialmente a los catalanes— que «no están solos, ni lo estarán, que tienen todo el apoyo y la solidaridad del resto de los españoles, y la garantía absoluta de nuestro Estado de derecho en la defensa de su libertad y de sus derechos»? Tal vez.

¿Qué hacer cuando un indulto del Gobierno de 22 de junio de 2021 neutraliza los efectos de un fallo judicial y excarcela a los presos de un proceso soberanista condenados por delitos demostrados de sedición, malversación de caudales públicos y desobediencia?

¿Qué hacer cuando se requiere su firma para promulgar una ley de amnistía que deja en evidencia a los jueces que, en octubre de 2019, constatados diferentes delitos, aplicaron una serie de condenas a los infractores, líderes todos ellos del proceso? Una ley de amnistía que, en su propia exposición de motivos, contiene una crítica a esos jueces, como si el hecho de ejercer sus funciones tras un golpe de Estado —nada menos— mereciera algún tipo de reproche.

¿Qué hacer cuando se aprueban leyes del exclusivo interés de los socios del Gobierno con el solo propósito de hacer posible la perpetuidad del Gobierno? Leyes-chantaje escritas en beneficio propio por secesionistas, partidos de extrema izquierda y hasta quienes tuvieron relación directa con la banda terrorista ETA y la tienen hoy con sus presos. *Win to win.*

¿Qué hacer cuando el Partido Socialista pacta con Esquerra Republicana el 7 de agosto de 2024 un acuerdo para la investidura de Salvador Illa como presidente de la Generalitat, a cambio de una financiación «singular» para Cataluña que afecta a todos los españoles y cuestiona el principio de igualdad que consagra la Constitución (art. 14)?

Porque, siendo la ley de amnistía la peor de las extorsiones, el precio que pagará España para que los socialistas gobiernen en Cataluña no será despreciable.

Porque ¿puede un Gobierno suscribir un acuerdo que favorece a una comunidad en detrimento de las dieciséis restantes, amén de las ciudades autónomas de Ceuta y Melilla?

Porque ¿acaso Sánchez, con una mayoría suficiente, «habría indultado a los responsables de la insurrección institucional de 2017 en Cataluña; habría suprimido del Código Penal delitos como el de sedición, dejando la Constitución indefensa ante agresiones como las vividas en 2017 y, aún peor, una hipotética venidera; «habría promovido una ley de amnistía»; y habría conquistado el Gobierno catalán a cambio de un acuerdo «político que contiene una quiebra fundamental de la Hacienda Pública española»? (Varela, 2024).

> El que una reforma del Código Penal de este calibre se pacte en la oscuridad de una mesa de diálogo, se hurte al conocimiento de los partidos centrales de la Cámara y se acuerde con los mismos delincuentes que vulneraron la ley es un despropósito.

A día de la fecha, la dirección socialista niega que el acuerdo sea un remedo del concierto vasco y confirma que la solidaridad está garantizada. Pero sus palabras requieren una «profesión de fe», porque «¿cómo dar privilegios fiscales a Cataluña, que representa un 20 % del PIB, puede beneficiar al resto de las comunidades?».

¿Qué hacer para impedir una España de varias velocidades? Porque la brecha entre territorios y ciudadanos no parará de crecer gracias a «los pactos del Gobierno con los independentistas y la extrema izquierda, que pretenden llevarnos a que haya españoles de primera y de segunda» (Huertas, 2024).

¿Qué hacer cuando asistimos a comportamientos autocráticos de los que el propio monarca es víctima directa? España no es un régimen presidencialista, en el que el presidente es, a la vez, jefe del Gobierno y del Estado. España es —por aclarar— una monarquía parlamentaria.

¿Qué hacer cuando el Ejecutivo invade espacios del Poder Judicial o cuando advierte al Judicial o cuestiona al Judicial, o anticipa (de manera reiterada) decisiones del mismísimo Tribunal de Garantías? ¿Dando a entender acaso que sus tentáculos alcanzan tan diversos feudos? «Como si quisiera trasmitir el mensaje de que hace lo que quiere porque es quien manda» (Sosa, 2024).

¿Qué hacer cuando, sin afectación ni disimulo, se habla de la Fiscalía desde una posición de dominio, faltando al respeto a una institución que data de 1870, año de promulgación de una ley del Poder Judicial que ya establecía como característica la imposibilidad de recusación de sus miembros?

Porque, en medio de un intenso debate público sobre la politización de la Justicia, el 26 de febrero de 2020, el presidente Sánchez nombraba fiscal general del Estado a su ministra de Justicia, Dolores Delgado.

Y en Radio Nacional, el 6 de noviembre de 2020, Sánchez preguntaba al periodista —que no al revés—: «La Fiscalía ¿de quién depende? ¿De quién depende?». El periodista, tímidamente, respondía: «Del Gobierno». Y el presidente concluía: «Pues ya está». Fue así el propio Sánchez quien liquidó la (apariencia de) imparcialidad debida que define la institución. Dos años después, el 2 de agosto de 2022, el sustituto de Delgado, Álvaro García Ortiz, daba apresuradas muestras del talante que marcaría su mandato: «—¿De quién depende? —Del Gobierno. —Pues ya está».

¿Qué hacer cuando el Ejecutivo pone en cuestión el trabajo de los medios, la libertad de expresión y de información, y el presidente en persona explica el 17 de julio de 2024 en el Congreso de los Diputados un «plan de regeneración democrática»?

Porque la Carta de los Derechos Fundamentales de la Unión Europea (art. 11) establece que «toda persona tiene derecho a la libertad de expresión»; prohíbe la «injerencia de autoridades públicas» y determina que se respeten «la libertad de los medios de comunicación y su pluralismo».

Y porque el control de hipotéticos excesos por parte de los medios no necesita más ni mejor herramienta que el Código Penal:

> Cualquier medio adicional, y ya no digamos si se pone en manos de la esfera gubernamental, dará lugar a limitaciones en la libertad de información y en la libertad de prensa, libertades que son absolutamente esenciales en un Estado de Derecho (Blanco Valdés, 2024).

Cuando, siendo presidente de los Estados Unidos de América, Donald Trump acusó a *The Washington Post* de arremeter contra él de manera sistemática, Martin Baron, entonces director del periódico, le respondió: «No estamos en guerra. Estamos trabajando». En 2023, Carlos Alsina, tras recibir el premio Francisco Cerecedo de Periodismo, de manos del rey de España, insistía en ese argumento:

> No estamos en guerra, presidente, estamos trabajando. Fiscalizar es una parte de nuestro trabajo. Nos mueve el simple y radical apego a la verdad, la verdad frente a la manipulación, la verdad frente a la distorsión, la verdad frente a los cambios de opinión. Nos mueve el valor que le damos a la palabra dada, a la coherencia y a la memoria. Lamento defraudar a quienes piensan que todo es relativo. Mantener la palabra dada no lo es, la coherencia no lo es, el compromiso no lo es. La mentira sobre nuestra historia reciente, muy reciente, seguirá siendo mentira, aunque ahora la abrace quien dice velar por nuestra memoria histórica y democrática. La mentira sigue siendo mentira, aunque nos lo hagan pasar por nueva verdad quienes saben que es mentira.

Resuena la frase de Tomas Jefferson —«pobre ingenuo», diría algún acreditado *spin doctor*—: «Prefiero tener prensa sin gobierno que gobierno sin prensa». «Pues ya está», que diría Sánchez.

¿Qué hacer cuando el Ejecutivo se muestra displicente y desconsiderado con el propio jefe del Estado? Sirvan de ejemplo los ya varios viajes internacionales que el monarca ha realizado en representación de España sin (merecer) la compañía del titular de la cartera de Asuntos Exteriores o, en su defecto, de un ministro de jornada (Buenos Aires, Kuwait, Letonia, Berlín, República Dominicana...). Esta decisión del Gobierno, al margen de un desdén no exento de *mensaje*, desdibuja la obligación de refrendo que corresponde al Ejecutivo en relación con todos y cada uno de los actos del monarca.

¿Qué hacer cuando el 7 de septiembre de 2024, en el curso de un comité federal del PSOE, el presidente del Gobierno pronuncia un párrafo inquietante, acaso improvisado, advirtiendo de su voluntad de avanzar en la llamada «agenda progresista», «con o sin el concurso del Poder Legislativo», que —por si fuera poco—, concluye que «tiene que ser menos restrictivo».

Ciertamente, la frase de Sánchez —con el adanismo que le caracteriza— contiene una licencia interpretativa de la «democracia parlamentaria». En contra de la doctrina, la tradición, la Academia y el sentido común, desde su advenimiento —el de Sánchez— se puede, al parecer, gobernar «sin el concurso del Poder Legislativo». En verdad, no hay norma que lo impida. «Poder, se puede —dice Méndez (2024)—, otra cosa es que igual no se debe»: ¡qué suerte la de Sánchez!, «gobernar sin Parlamento».

La cuestión es si estas palabras denotan una concepción autoritaria del poder y si su afán de avanzar sin el concurso de ese poder que representa a los españoles significa o podría significar lo que parece significar. Porque, la evocación de los diálogos recreados por Lewis Carroll en *Las aventuras de Alicia en el país de las maravillas* es tan inevitable como su traslación al presente español: «—Cuando uso una palabra —afirma Humpty Dumpty en tono despectivo— esta significa exactamente lo que yo quiero que signifique, ni más ni menos. —La cuestión —replicó Alicia— es si usted puede hacer que las palabras signifiquen tantas cosas diferentes. —La cuestión —sentenció Humpty Dumpty— es quién es el Amo, eso es todo».

Obsérvese la expresión de Carroll —«quién es el Amo»— versus la menos sutil pronunciada en un acto público por el ministro Óscar Puente (28/4/2024) —«es el puto amo»—, en pretendida alabanza a su secretario general y presidente Pedro Sánchez.

¿Qué hacer cuando Euskal Herria Bildu, erigido en portavoz del Gobierno, anuncia la derogación de la ley mordaza y las características de la nueva ley de seguridad?

Porque, pese a su promesa electoral, Sánchez no solo convivió con la Ley de Seguridad Ciudadana durante cinco años, sino que la aplicó con denuedo durante la pandemia.

Porque el 3 de octubre de 2024, sin embargo, el socio más inconveniente de la coalición de Gobierno anunció de forma inesperada su inminente derogación. Sánchez brindó a Euskal Herria Bildu la oportunidad de hacer pública la abolición de la ley y dar las explicaciones correspondientes, una humillación injustificable a los cuerpos de seguridad del Estado y a las víctimas del terrorismo, que escucharon los principios que inspirarán la «nueva» seguridad ciudadana en boca de los portavoces de una formación filoetarra. Lo pregonaba en el Congreso, sonrisueña, Mertxe Aizpurua, condenada por enaltecimiento del terrorismo, aplaudidora antaño de asesinatos de policías y guardias civiles desde tribunas como *Egin*, *Punto y Hora* de Euskal Herria o *Gara*.

Prospere o no su proyecto —esto dependerá de la exigua y tornadiza mayoría de gobierno—, destacará en el *top* de las grandes ignominias haber optado por Bildu como redactora de los nuevos protocolos policiales y sus correspondientes límites de actuación. No es fácil imaginar mayor escarnio —hemos de pensar, no pretendido: elegir para tan delicado menester a una federación de partidos conformada por simpatizantes y exmiembros de la organización terrorista ETA, muchos de ellos con condenas cumplidas, y ajenos todos a una necesaria petición de perdón a las víctimas, a los españoles.

¿Qué hacer cuando, por segunda vez en seis años, el Ejecutivo interviene la gobernanza de Radiotelevisión Española, que es, por ley, «independiente» del Gobierno y solo rinde cuentas ante el Parlamento?

Porque, en julio de 2018, el Gobierno nombró una administradora única en la corporación como si del concurso de acreedores de una empresa cualquiera se tratara, otorgando a la agraciada todos los poderes, clausurando para ello el Consejo de Administración y evitando incluso el control parlamentario. El Tribunal Constitucional anuló tiempo después la decisión con dos argumentos: uno, el uso inapropiado del decreto ley para el nombramiento de cargos «sensibles»; y dos, haber privado al Senado de su potestad de designación y, en consecuencia, impedido su papel de control.

En aquel momento, al rebufo de la moción de censura que llevó al poder a Sánchez el 1 de junio de 2018, el Gobierno clausuró el Consejo de Administración de la corporación con dos excusas básicas: 1.ª) el mandato concluido del entonces presidente de RTVE; y 2.ª) la inminente resolución del concurso público que, durante la legislatura anterior, el Parlamento —que no el Gobierno, ¡obsérvese la diferencia!— había convocado para elegir un consejo profesional, independiente y plural.

Pero la resolución del concurso se retrasó casi tres años. Se vulneraron buena parte de los principios que inspiraron la convocatoria, reclutándose al fin, no los mejores candidatos elegidos por un comité de expertos previamente designado a propuesta de los grupos parlamentarios, sino los más «apropiados» políticamente hablando.

El nuevo Consejo se constituyó el 25 de marzo de 2021 y más de dos tercios del Congreso de los Diputados votaron un presidente.

Transcurrida la mitad del mandato parlamentario (seis años según ley) —que ha visto dimitir al presidente electo el 26 de septiembre de 2022 y fracasar después hasta dos presidencias interinas— con el argumento esta vez de la gobernabilidad, el 22 de octubre de 2024, por decreto-ley, el Gobierno decide: 1.º) interrumpir a medio camino un mandato parlamentario, clausurar el Consejo actual y conformar uno nuevo en el plazo improrrogable de un mes; y 2.º) cambiar la composición del máximo órgano de gobierno de la corporación.

A este nuevo Consejo se le otorga una muy mayor dimensión, pasando de diez a quince miembros, y se establece una original composición: once consejeros lo serán a propuesta del Congreso y cuatro a propuesta del Senado. Es decir: el 73,3 % de los miembros serán elegidos por el Congreso y el 26,6 % por el Senado. Resta averiguar en qué artículo de la Constitución figura tamaña proporcionalidad y preguntarse si encontrará causa este insólito reparto en el afán de neutralizar la incómoda hegemonía del Partido Popular en el Senado; si ignorará así el Gobierno que ese mismo Partido Popular ganó las elecciones y tiene en el Congreso una notable implantación.

Y, por último, y no menos importante, cabe preguntarse ¿qué hace el Gobierno manejando una función ajena? Porque únicamente al Parlamento corresponde el «control» de RTVE, como solo su gestión compete al Consejo de Administración, cuyos miembros, elegidos por las Cortes, «actuarán con absoluta independencia, sin que puedan recibir instrucciones, directrices o cualquier clase de indicación imperativa del Gobierno» (art. 15.6).

¿Acaso a episodios como los aquí enunciados se refería *The Economist* cuando el 3 de octubre de 2024 titulaba «Pedro Sánchez clings to office at a cost to Spain's democracy» (Pedro Sánchez se aferra al cargo a costa de la democracia española)? Y, a continuación: «His opponents accuse him of subverting the constitution» (sus oponentes lo acusan de subvertir la Constitución).

ASÍ LAS COSAS...

El catálogo de anécdotas, casos, dudas, preguntas, recelos y preocupaciones es colosal. Y, ante situaciones reiteradas como las enunciadas, nos preguntamos ¿qué puede o debe hacer el rey democrático que consagra la Constitución?, si es que puede o debe hacer algo. Aunque, si no hace nada, ¿para qué sirve?, espetará siempre algún profano.

Llegados a este punto, sugiero repasar el capítulo-vademécum que precede a estas líneas, relativo a las funciones del rey parlamentario que es Felipe VI (cap. 10), donde no están recogidos todos los supuestos ni se cita toda la literatura jurídica —incluidas las lógicas y saludables desavenencias doctrinales—, pero sí pueden deducirse los límites de su responsabilidad y la factura de su trabajo, su manera de hacer, discreta, prudente y responsable, cargada de todas esas *virtutes* (públicas y personales) que loaba y procuraba la Roma clásica en busca del *aristos*, el «hombre noble» de Platón, el mandatario ideal.

Y cuando lleguemos a la conclusión de que el jefe del Estado está en su sitio, que la importancia del rey es extraordinaria, pero su competencia al mismo tiempo es limitada, por mor de la democracia y de la separación de poderes —asunto no menor—, entonces podremos inferir —*sensu contrario*— que la figura del rey, siendo su capacidad limitada —porque solo así sería democrática—, hoy resulta más valiosa que nunca, gracias justamente a que su «teatro de operaciones» se sitúa fuera de la contienda partidaria, *au-dessus de la mêlée.* Y su tarea, que ha de resultar necesariamente eficaz, necesita para desempeñarse, indefectiblemente, la nota de la discreción, como también requiere, de parte de todos, lealtad y confianza.

¿QUÉ PUEDE HACER EL REY?, SE PREGUNTAN

Hoy por hoy, moderar… y moderar; y solo arbitrar si la situación, siendo extremadamente grave, así lo requiriera. Pero, para ello, habrían de mediar unas circunstancias (aún más) críticas para la evolución democrática del país; y habría de estar imposibilitado el Gobierno para el ejercicio de su función ejecutiva. Una situación así invitaría y hasta obligaría al rey a proceder como, en libertad, haría el Ejecutivo. Y habría de hacerlo, sin refrendo expreso posible, pero asistiendo sus decisiones de la necesaria publicidad y el apoyo de la voluntad popular. Tan solo en supuestos tan concretos como indeseables resultarían aplicables las competencias inicialmente simbólicas que la Constitución reconoce al jefe del Estado.

Y si alguien insiste, argumentando que, aquí y ahora (2024), el problema es el Ejecutivo, recordemos, por muy diferentes motivos, que la relación entre el jefe del Gobierno y el jefe del Estado en una monarquía parlamentaria exige un exquisito tacto a ambas partes. Advertía Herrero de Miñón (1984: 55):

> Ni el rey debe verter públicamente opinión alguna sobre materias de Gobierno, ni el Gobierno puede colocar al rey ante una situación de hechos consumados que le niegue la posibilidad de ejercer su competencia de moderación y su capacidad de influencia.

Y regresando a Bagehot, oráculo de la monarquía parlamentaria, antes de demandar del rey lo que el rey no puede ni debe darnos, la pregunta que debemos formularnos es si el rey fue siempre consultado; si animó a hacer una u otra cosa diferente; si advirtió sobre los riesgos de trascendentales decisiones... Porque, si así ocurrió; si contó con la información necesaria para formar su propio criterio; si se consultó su parecer como jefe de Estado antes de acometer el Ejecutivo decisiones de gran calado; si se escuchó su consejo; si se tomaron en consideración sus sugerencias; si se observaron sus reservas; si se valoraron sus recelos... Si todo lo antedicho ocurrió y fue cumplido, entonces, en ese lugar y en ese instante concluyó la misión del rey. Porque ahí acaba la competencia de un rey democrático.

Por todo lo expuesto, es determinante preservar y proteger las instituciones, empezando por la Jefatura del Estado, la Corona. Tanto como promover la conciencia, el compromiso social y personal, la participación. Porque no hay mejor veto a los incompetentes y a los autócratas que la contestación ciudadana. Y por eso —y por último— un buen rey sabrá hacer discretamente su papel apartidario y de Estado. ¡Confiemos en que Felipe VI sea el rey que necesitamos!

Fin; o sobre «el miedo de los sectarios al hombre libre e independiente»

Conviene recordar de vez en cuando esta absoluta verdad. Esos políticos a los que escupimos o aplaudimos sólo son nuestro fiel retrato. Salieron de nosotros. Nos encarnan y representan.

Arturo Pérez-Reverte

Decía Stefan Zweig que Romain Rolland, inspirador involuntario del contenido de este libro, se convirtió durante la Gran Guerra (1914-1918) en «la conciencia moral de Europa».

Salvando todas las distancias, otro escritor y periodista, el español Manuel Chaves Nogales, se empeñaba en advertir de los peligros que amenazaban a los europeos de la época: el comunismo, de un lado, y el *fascismo* y el *nacionalsocialismo*, de otro; presuntas panaceas antagónicas que Chaves parangonaba por su igual «sentir totalitario, implacable y destructor». En Moscú había podido constatar como «los obreros rusos viven mal y soportan una dictadura que se hacen la ilusión de ejercer»; y en Roma, al otro extremo, que «el fascismo no ha aumentado en un gramo la ración de pan del italiano», como tampoco conseguido «acrecentar el acervo de sus valores morales».

Desde diferentes cabeceras, Chaves Nogales se anticipó a vislumbrar los riesgos de unos y otros regímenes e ideologías, advirtió de sus consecuencias e invocó la sensatez de los españoles en perspicaces columnas periodísticas hasta que, en 1936, dos décadas después de la Gran Guerra, se iniciara en España la contienda «incivil», como la bautizó Luis María Anson. Por convicción, defendió la república; por defenderla abiertamente hubo de salir de España; y por coherencia, desertó de ella. Y en su abjuración «pesaba tanto la sangre derramada por las cuadrillas de asesinos que ejercían el 'terror rojo' en Madrid como la que vertían los aviones de Franco asesinando a mujeres y niños inocentes». «Me fui —palabras textuales— cuando tuve la íntima convicción de que todo estaba perdido y ya no había nada que salvar, cuando el terror no me dejaba vivir y la sangre me ahogaba». Y continuaba diciendo: «Tanto o más miedo tenía a la barbarie de los moros, los bandidos del Tercio y los asesinos de la Falange que a la de los analfabetos anarquistas o comunistas».

Convencido demócrata, se afanó en denunciar los errores de unos y otros, en señalar los execrables atropellos de la derecha y de la izquierda; y afirmó querer «permitirme el lujo de no tener ninguna solidaridad con los asesinos», aunque, «para un español, quizá sea eso un lujo excesivo». «El precio, hoy por hoy, es la Patria», concluía amargamente.

Pero Chaves prefirió «meterse las manos en los bolsillos y echar a andar por el mundo». Y «aun a sabiendas de que, en esta época de estrechos y egoístas nacionalismos, el exiliado, el sin patria, es en todas partes un huésped indeseable que tiene que hacerse perdonar a fuerza de humildad y servidumbre su existencia», Chaves soportaba «mejor la servidumbre en tierra ajena que en mi propia casa». Forjaba así su «verdad de intelectual liberal», su temperamento «antifascista y antirrevolucionario», por cuanto «todo revolucionario me ha parecido siempre algo tan pernicioso como cualquier reaccionario».

Su «única y humilde verdad», decía Chaves de sí mismo, fue «un odio insuperable a la estupidez y la crueldad» que, tristemente, «se enseñoreaban de España». Y «los caldos de cultivo de esta nueva peste —continuaba— nos los sirvieron los laboratorios de Moscú, Roma y Berlín, con las etiquetas de comunismo, fascismo o nacionalsocialismo».

A estas doctrinas milagreras y demostradamente perniciosas para la humanidad, se suma hoy otra nueva que bebe indubitadamente de aquellas y crece de manera simbiótica al lado de sus recuerdos, el *populismo*; un proyecto radical, basado en la mentira y afanado en el mantenimiento en el poder al precio que resulte necesario, en el ánimo silente y falaz de resucitar, en versión renovada, los peores errores del pasado. Y tan próximos como profundamente diversos a un tiempo, junto a este fenómeno acechan otros. Entre ellos, el *autoritarismo,* que bien puede (o no) asumir una forma populista.

Cuanta más arena ha escapado del reloj de arena de nuestra vida,
más claramente deberíamos ver a través de él.

Maquiavelo

COROLARIO OPTIMISTA

En tanto ciudadanos comprometidos con la presente España constitucional, conscientes de los inéditos niveles de libertad y progreso que su marco de convivencia en democracia nos procura, estamos impelidos a tratar de rectificar los errores cometidos y las desafortunadas decisiones adoptadas, así como a emprender sin pausa iniciativas que, con espíritu renovado, estén igualmente presididas por el acuerdo y el respeto a los demás; determinaciones orientadas a la necesaria preservación del Estado de Derecho con mayúsculas y su desarrollo institucional. Siempre bajo los principios y valores que inspiraron la vigente Constitución de 1978.

Bibliografía

AA. VV. (2024). *Representative Democracy Remains a Popular Ideal, but People Around the World Are Critical of How It's Working* (2024). Pew Research Center. 28 de febrero de 2024.

ABC (1969). «Palabras del Príncipe don Juan Carlos de Borbón». *ABC*. 24 de julio de 1969.

ALZAGA VILLAAMIL, Óscar (2007). «Sobre la sucesión a la Corona». *ABC*. 18 de enero de 2007.

ÁLVAREZ CONDE, Enrique (2000). *Curso de Derecho Constitucional*, vol. II, 3.ª ed. Madrid: Tecnos.

ÁLVAREZ JUNCO, José (2022). ¿Qué hacer con un pasado sucio? Galaxia Gutenberg.

AMÓN, Rubén (2018). «Felipe VI: 50 años… y seis minutos. El discurso del 3-O representa la contribución catártica de su incipiente y difícil reinado». *El País*. 30 de enero de 2018.

APARICIO, Miguel Ángel (1983). *Introducción al sistema político y constitucional español*. Barcelona: Ariel.

APEZARENA, José (2023). «El "otro" 23F, el de Felipe de Borbón». *La Razón*. 3 de octubre de 2023.

APPLEBAUM, Anne (2021). *El ocaso de la democracia. La seducción del autoritarismo*. Ed. Debate.

ARAGÓN REYES, Manuel (2004). *El papel del Rey en la monarquía parlamentaria*. Zaragoza: Fundación Giménez Abad de Estudios Parlamentarios y del Estado Autonómico.

ARAGÓN, Manuel; CARRERAS, Francesc de; DÍEZ NICOLÁS, Juan; FERNÁNDEZ, Tomás-Ramón; GARCÍA DELGADO, José Luis; LAMO DE ESPINOSA, Emilio; MANGAS, Araceli; SOSA WAGNER, Francisco; TORTELLA, Gabriel (2023). *España: democracia menguante*. Colegio Libre de Eméritos.

ARAQUISTÁIN QUEVEDO, Luis (1930). *El ocaso de un régimen*. Madrid: Ed. España.

BAGEHOT, Walter (1968). *The English Constitution.* Londres: Oxford University Press.

BALANSÓ, Juan (1996). *La Corona vacilante.* Barcelona: Plaza y Janés Editores, S. A.

BARTHÉLÉMY, Joseph y DUEZ, Paul (1914). Éleménts de Droit Constitutionnel, SiRey. 6.ª ed. Paris.

BARRIO LÓPEZ, Astrid. (2022). «Democracia iliberal, populismo y Estado de Derecho». *Estudios De Deusto 70* (1), 15-33. https://doi.org/10.18543/ed.2493

BERMEO, N. (2016). «On Democratic Backsliding». En *Journal of Democracy, vol. 27, n.º 1,* 5-19.

BISCARETTI DI RUFFÌA, Paolo (1965). *Derecho constitucional.* Madrid: Tecnos.

BLANCO VALDÉS, Roberto L. (2024). *Revolución y Constitución.* Alianza Editorial.

BLASCO, Hilario (2021). «El impacto de las redes sociales en las personas y en la sociedad: redes sociales, redil social ¿o telaraña?». *Tarbiya. Revista de Investigación e Innovación Educativa,* UNAM (49). https://doi.org/10.15366/tarbiya2021.49.007

BURNS MARAÑÓN, Tom (2007). *La Monarquía necesaria.* Barcelona: Planeta.

CÁCERES CROSA, Gonzalo (1934). *El refrendo ministerial.* Trabajos del Instituto González Posada de Derecho Público, vol. I. Universidad Central. Madrid.

CALERO AMOR, Antonio María (1987). «La prerrogativa regia en la Restauración: teoría y práctica (1875-1902)». *Revista de Estudios Políticos, 55.* Monográfico sobre «La Corona en la historia constitucional española». Madrid.

CANO, Fernando (2024). «Sánchez es el único presidente del Gobierno que ha aprobado más decretos que leyes». *The Objective.* 15 de enero de 2024.

CAÑO, Antonio (2024). Una democracia con apellido. *The Objective.* 17 de junio de 2024.

CASTAÑO, Sergio Raúl (2020). «La naturaleza apolítica de la unión personal y de la unión real como formas monárquicas durante la modernidad». Historia Constitucional, n.º 21, 574-606. http://www.historiaconstitucional.com

CAZORLA PRIETO, Luis María y FERNÁNDEZ-FONTECHA Torres, Manuel (2021). ¿Una Ley de la Corona? Pamplona: Aranzadi.

CELA, Camilo José (2021). *La rosa. Memorias, entendimientos y voluntades.* Debolsillo.

CERCAS, Javier (2009). *Anatomía de un instante.* Barcelona: Mondadori.
CERVERA, César (2019). «¿Por qué no existe en España una Corona Real como en el resto de reinos europeos?». *ABC.* 30 de enero de 2019.
CISNEROS LABORDA, Gabriel (2003). «Las cinco legitimidades de Juan Carlos I». *ABC,* p. 26. 3 de diciembre de 2003.
CLEMENTE, Josep Carles (2013). *Príncipes de Asturias. De Juan I a Felipe VI.* Madrid: Ed. Nowtilus.
CONSTANT, B. (1970). *Principios de Política.* Trad. J. Hernández Alfonso. Madrid: Aguilar.
CRISAFULLI, V. (1958). «Aspetti problematici del sistema parlamentare vigente in Italia». *Rivista Jus. Fascicolo 1958-2.* Vita e Pensiero Editore. Roma (Italia).
CONSTANT, Benjamin (1970). *Principios de Política.* Trad. J. Hernández Alfonso. Madrid: Aguilar.
CHAVES NOGALES, Manuel (1937). *A sangre y fuego. Héroes, bestias y mártires de España.* Chile: Ed. Ercilla.
DE ESTEBAN, Jorge; VARELA DÍAZ, S; GARCÍA FERNÁNDEZ, F. J.; LÓPEZ GUERRA, L. y GARCÍA RUIZ, J. L. (1973). *Desarrollo político y Constitución española.* Barcelona: Ariel.
DE ESTEBAN, Jorge y LÓPEZ GUERRA, Luis (1982). *El Régimen Constitucional español.* Barcelona: Labor.
DE ESTEBAN, Jorge y GONZÁLEZ-TREVIJANO, Pedro (1994). *Curso de Derecho Constitucional Español,* t. III. Madrid: Servicio de Publicaciones de la Facultad de Derecho de la Universidad Complutense.
DE ESTEBAN, Jorge (2010). «Las funciones del Rey». *El Mundo.* 18 de febrero de 2010.
__(2012). «La independencia de Cataluña». *El Mundo.* 7 de noviembre de 2012.
__(2020). «La memoria de un desmemoriado». *El Mundo.* 24 de agosto de 2020.
__(2021). *El libro que democratizó España. Memorias constituyentes.* Tirant Humanidades.
DE MAQUIAVELO, Nicolás (2005). *El Príncipe,* trad. M. Alarcón. Colección Pensamiento político. Longseller.
DE VILALLONGA, José Luis (1993). *El Rey. Conversaciones con Don Juan Carlos I de España.* Barcelona: Plaza y Janés.
DÍEZ PICAZO, Luis María (1982). «El régimen jurídico de la Casa del Rey». *Revista Española de Derecho Constitucional, 6.* Madrid: Centro de Estudios Políticos y Constitucionales.

DUVERGER, Maurice (1986). *Les régimes semi-présidentiels.* Paris: Presses Universitaires de France.

ESPÓSITO, Carlo (1960). «Capo dello Stato». *Enciclopedia italiana del Diritto, t. VI.* Milán: Giuffrè.

FERNÁNDEZ CAMPO, Sabino (1995). «La función real en España». Anales de la Real Academia de Ciencias Morales y Políticas, n.º 72. Madrid.

FERNÁNDEZ-MIRANDA LOZANA, Pilar y FERNÁNDEZ-MIRANDA CAMPOAMOR, Alfonso (1995). *Lo que el Rey me ha pedido: Torcuato Fernández-Miranda y la Reforma Política.* Barcelona: Plaza y Janés.

FONSECA, Diego (2021). *Amado Líder. El universo político detrás de un caudillo populista.* Madrid: HarperCollins.

FREIXES SANJUÁN, Teresa (1991). «La Jefatura del Estado Monárquica». *Revista de Estudios Políticos, 73,* Madrid.

GAMBOA GUTIÉRREZ, Laura (2017). «Opposition at the Margins: Strategies against the Erosion of Democracy in Colombia and Venezuela». En *Comparative Politics, vol. 49, n.º 4.*

GARCÍA CANALES, Mariano (1977). «El refrendo en las Monarquías». *Revista de Estudios Políticos, 212.* Madrid: Centro de Estudios Políticos y Constitucionales.

__(1995). «El Refrendo de los actos del Rey», en *Enciclopedia Jurídica Básica,* t. V. Madrid: Civitas.

GARCÍA DE ENTERRÍA, Eduardo (1974). *Curso de Derecho Administrativo.* Madrid: Civitas.

GARCÍA DE VALDEAVELLANO, Luis (1992). *Curso de historia de las instituciones españolas.* Alianza Universidad.

GARCÍA PELAYO, Manuel (1968). «La Corona. Estudio sobre un símbolo y un concepto político». En Del mito y de la razón en el pensamiento político. *Revista de Occidente.* Madrid.

GIMBERNAT ORDEIG, E. (1983). «Los aspectos penales en el Proyecto». *Ciclo de conferencias «La Constitución a debate».* 18 de marzo de 1983.

GIMÉNEZ MARTÍNEZ, Miguel Ángel (2014). «Del caudillaje a la "Monarquía del 18 de Julio". Perfil jurídico-político de la Jefatura del Estado español durante el gobierno de Francisco Franco». *Revista de Estudios histórico jurídicos, 36.* Valparaíso. http://dx.doi.org/10.4067/S0716-54552014000100016.

__(2015). «Las leyes fundamentales y la construcción del constitucionalismo cosmético franquista». *Glossae: European Journal of Legal History.* Valencia: Instituto de Estudios Sociales, Políticos y Jurídicos.

GÓMEZ SÁNCHEZ, Yolanda (2008). *La monarquía parlamentaria: Familia Real y sucesión a la Corona.* Madrid: Ed. Hidalguía.

GONZÁLEZ NAVARRO, F. (1977). *La nueva Ley Fundamental para la Reforma Política.* Madrid: Presidencia del Gobierno.

GONZÁLEZ-TREVIJANO SÁNCHEZ, Pedro (1989). *La costumbre en derecho constitucional.* Madrid: Publicaciones del Congreso de los Diputados.

__(1998). *El refrendo.* Madrid: Centro de Estudios Políticos y Constitucionales.

__(2005). «El mejor embajador de España». *ABC.* 29 de agosto de 2005.

__(2023). «Sentimiento constitucional». *ABC.* 5 de agosto de 2023

HERRERO DE MIÑÓN, Miguel (1984). «Los Mensajes Regios». *Homenaje a Jaime Guasp,* pp. 315 y ss. Granada: Comares.

__(1996). «Artículo 56. El Rey». En Ó. ALZAGA (Dir.). *Comentarios a la Constitución española de 1978,* t. V. Madrid: EDERSA.

HAURIOU, M. (1927). *Principios de Derecho Público y Constitucional.* Trad. C. Ruiz del Castillo. 2.ª ed. Madrid.

HERNÁNDEZ, A. (2008). «El Rey y la opinión pública». En J. A. ESCUDERO (Ed.). *El Rey. Historia de la Monarquía,* vol. III. Barcelona: Planeta Historia y Sociedad.

IGLESIAS, Carmen (2008). *No siempre lo peor es cierto.* Estudios sobre la historia de España. Barcelona: Galaxia Gütemberg (Círculo de Lectores).

INFORMACIONES (1975). *Importante discurso de don Juan de Borbón.* Informaciones. 16 de junio de 1975. https://digital.march.es/fedora/objects/linz:R-24913/datastreams/OBJ/content

JIMÉNEZ DE PARGA, Manuel (1983). «El estatuto del Rey en España y en las monarquías europeas». En P. LUCAS VERDÚ (Comp.). *La Corona y la monarquía parlamentaria en la Constitución de 1978.* Madrid: Sección de Publicaciones Universidad Complutense de Madrid. Facultad de Derecho.

__(1984). «Lo que significó la Ley para la Reforma Política». *Historia de la Transición, Diario 16. Suplemento semanal, 129.*

JULIÁ, Santos (2017). *Transición. Historia de una política española* (1937-2017). Barcelona: Galaxia Gutemberg.

KAUFMAN, Robert y HAGGARD, Stephan (2019). «Democratic Decline in the United States: What Can We Learn from Middle-Income Backsliding?». En *Perspectives on Politics vol. 17, n.º 2.*

KELSEN, Hans (1979). *Compendio de Teoría General del Estado,* 3.ª ed. Trad. L. Recaséns y J. de Azcárate. Barcelona: BLUME.

__ *Teoría General del Derecho y del Estado*, 2.ª ed. Trad. E. García Maynez. México: Textos Universitarios. Universidad Nacional Autónoma de México.

KOZAK, Gisela (2022). «Autocracias del siglo XXI». *Letras libres.com.* 1 de septiembre de 2022. https://letraslibres.com/uncategorized/autocracias-del-siglo-xxi/

LAEBENS, Melis Gülboy (2019). Enemigos internos: democracia y amenazas de autocratización. *Nueva sociedad, 282*, 135-146.

LA PRADELLE, Albert (1912). *Cours de Droit Constitutionell.* A. Pedone Editeur, Paris.

LATORRE, Rafael (2024). «El gallo Latorre». Más de Uno. *Onda Cero.* 4 de octubre de 2024.

KRAUZE, Enrique (1993). *Las tres legitimidades.* 17 de enero de 1993. https://enriquekrauze.com.mx/las-tres-legitimidades/

__(2022). «Admiradores de Putin». *Reforma.* 21 de marzo de 2022.

LEVITSKY, Steven y ZIBLATT, Daniel (2018). *How Democracies Die?* Nueva York: Crown Publishing.

LÓPEZ BURNIOL, Juan José (2019). «El Rey de la transición». *La Vanguardia.* 8 de junio de 2019.

LÓPEZ GUERRA, Luis (1982). «Una monarquía parlamentaria». En J. de ESTEBAN y otros, *El régimen constitucional español*, vol. II. Barcelona: Labor Universitaria.

__(2001). «Las funciones del Rey y la institución del refrendo». En TORRES DEL MORAL, A. (Dir.). *Monarquía y Constitución*, pp. 389-402. Madrid: COLEX.

LÓPEZ RODÓ, Laureano (1979) *La larga marcha hacia la monarquía.* Esplugas de Llobregat, Barcelona: Plaza & Janés.

LUCAS VERDÚ, P. (1979). «Los Títulos Preliminar y Primero de la Constitución y la interpretación de los derechos y libertades fundamentales». *Revista de la Facultad de Derecho de la UCM.* Monográfico 2. Madrid.

__(1983). *La Corona y la monarquía parlamentaria en la Constitución de 1978.* Madrid: Servicio de Publicaciones de la Facultad de Derecho de la UCM.

__(1985). *El sentimiento constitucional.* Madrid.

LÜHRMANN, Anna y LINDBERG, Staffan (2019). «A Third Wave of Autocratization is Here: What Is New about It?». En *Democratization, vol. 26, n.º 4.*

MACHADO, Antonio (1992). «Proverbios y cantares». *Campos de Castilla (1907-1917).* Madrid: Cátedra.

MAESTRE, J. C. (1964). «Les messages presidentiales en France». *Revue du Droit Public.* LXXX.

MAESTRE, Antonio (2020). «Dejad que la monarquía se pudra sola». *lamarea.com.* 28 de noviembre de 2020. https://www.lamarea.com/2020/11/28/dejad-que-la-monarquia-se-pudra-sola/

MARTÍNEZ SOSPEDRA, Manuel (1980). *Aproximación al Derecho Constitucional Español. La Constitución de 1978.* Fernando Torres Editor. Valencia.

MATELLANO, Paloma (2024). «Como presidente del Gobierno, ha aprobado un decreto ley cada 15 días, pero no ha sacado adelante ni uno al mes desde que depende de Puigdemont». *El Mundo.* 15 de agosto de 2024.

MÉNDEZ, Lucía (2024). «La suerte de gobernar sin Parlamento». *El Mundo.* https://www.elmundo.es/espana/2024/09/07/66dc77afe85eceb1248b4580.html

MENÉNDEZ REXACH, Ángel (1979). *La Jefatura del Estado en el Derecho Público español.* Madrid: Instituto Nacional de Administración Pública.

MONSIVÁIS-CARRILL, Alejandro (2021). «Autocratización». *Prontuario de la democracia.* Universidad Autónoma Nacional de México. 26 de marzo de 2021. https://prontuario-democracia.sociales.unam.mx/autocratizacion.

NAÍM, Moisés (2012). *La revancha de los poderosos. Cómo los autócratas están reinventando la política en el siglo XXI.* Madrid: Debate.

__(2013). *El fin del poder. Empresas que se hunden, militares derrotados, papas que renuncian, y gobiernos impotentes: cómo el poder ya no es lo que era.* Madrid: Debate.

PAPELL, A. (1980). *La monarquía española y el derecho constitucional europeo.* Barcelona: Labor.

PECES-BARBA, Gregorio (1979): «El consenso en la Constitución». *El País.* 28 de enero de 1979.

PÉREZ-LIÑÁN, A., SCHMIDT, N. y VAIRO, D. (2019). «Presidential Hegemony and Democratic Backsliding in Latin America, 1925-2016». En *Democratization, vol. 24, n.º 5.*

PÉREZ SERRANO, Nicolás (1976). *Tratado de Derecho* Político. Madrid: Civitas.

__(1984). *Tratado de Derecho Político,* 2.ª ed. Madrid: Civitas.

PINA, Marina (2024). «Los escándalos que diluyeron la imagen idílica de Juan Carlos I». *El Mundo.* 1 de junio de 2024.

PREGO, Victoria (1995). *Así se hizo la Transición.* Barcelona: Plaza y Janés.

RAMÍREZ, Pedro José (2024). «Pedro Botero y el Rey». *El español.* 16 de junio de 2024.

ROMANO, Santi (1928). *Corso di Diritto Costituzionale.* 2.ª ed. Padova: Cedam

ROZADA, Francisco José (2021). «¿Por qué Asturias es un principado desde hace 633 años?». *El fielato.* 21 de octubre de 2021.

SAINZ, Karina (2022). Enrique Krauze: «Es una desgracia que España retroceda en la defensa de su historia democrática». *ABC.* 9 de octubre de 2022.

SALAS Y CORTÉS, Ramón (1821). *Lecciones de derecho público constitucional para las escuelas de España.* Ed. Moderna. Centro de Estudios Constitucionales (1982).

__(1836). *Comentarios del ciudadano Ramón Salas al tratado de los delitos y de las penas escrito por el Marqués de Beccaría. Y por continuación el Tratado de las virtudes y de los premios escrito en italiano por Jacinto Dragonetti.*

SÁNCHEZ AGESTA, Luis (1978). «Significado y poderes de la Corona en el proyecto constitucional». *Estudios sobre el proyecto de Constitución,* n.º. 64. Madrid: Centro de Estudios Constitucionales.

__(1980). *Sistema Político de la Constitución española de 1978.* Madrid: Editora Nacional.

SÁNCHEZ DE LA TORRE, Ángel (1983). «La simbología de la Corona en los pueblos indoeuropeos». En A. TORRES DEL MORAL (Dir.). *La Corona y la Monarquía parlamentaria en la Constitución de 1978.* Madrid: Publicaciones Facultad de Derecho.

SCHEPPELE, Kim Lane (2016). «Worst Practices and the Transnational Legal Order (Or How to Build a Constitutional "Democratorship" in Plain Sight)», University of Toronto.

SIERRA DE CÓZAR, Ángel (2003). «El señor presidente Fontán». *Nueva Revista.* 29 de septiembre de 2023. https://www.nuevarevista.net/el-senor-presidente-fontan?action=genpdf&id=3522

SOSA WAGNER, Francisco (2023). «Los políticos quieren abrir un barranco artificial entre la ciudadanía». *El Norte de Castilla.* 6 de abril 2023.

STAHL, Friedrich Julius (1848). *La revolución y la monarquía constitucional. Die Revolution und die konstitutionelle Monarchie.* Divinity School Library. Harvard University. Berlag Von Bilhelm Berb. Berlin.

SUÁREZ FERNÁNDEZ, Luis (2002). «La monarquía española, motor de su historia». *Veinticinco años de reinado de S. M. Don Juan Carlos I.* 2.ª ed. Madrid: Espasa Calpe.

__(2003). *Nobleza y monarquía.* Madrid: La Esfera de los Libros.

__(2007). *Don Juan. La defensa de la legitimidad.* Barcelona: Ariel.

SUÁREZ, Luis y COMELLAS, José Luis (2006). *Breve historia de los españoles.* Barcelona: Ariel.

SUBRA DE BIEUSSES, Pierre (1979). «Ambiguïtés et contradictions du statut constitutionnel de la Couronne». *Pouvoirs, revue française d'études constitutionnelles et politiques, 8.* L'Espagne démocratique, pp 109-116. https://www.revue-pouvoirs.fr/Ambiguites-et-contradictions-du.html

SVOLIK, Milan (2015). «Which Democracies Will Last? Coups, Incumbent Takeovers, and the Dynamic of Democratic Consolidation». En *British Journal of Political Science, vol. 45, n.º 4.*

TAJADURA TEJADA, Javier (1996). «El sentimiento constitucional». *El País.* 6 de diciembre de 1996.

TEDESCHI, G. (1945). «Le contreseing ministeriel sous les diverses constitutions». *Revue de Droit Public et de la Science Politique.*

TENORIO SÁNCHEZ, P. J. y GONZALO GONZÁLEZ, M. (2001). «La Corona en los discursos parlamentarios del Rey». En A. TORRES DEL MORAL (Dir.). *Monarquía y Constitución,* pp. 627-640. Madrid: COLEX.

TORREBLANCA, José Ignacio (2014). «Pueblo, Estado, enemigo: viaje a las entrañas del populismo». *El País.* 14 de octubre de 2014.

TORRES DEL MORAL, Antonio (1985). *Principios de Derecho Constitucional Español.* Madrid: Átomo.

__«Cuarenta y tres años de monarquía» (2018). Cortes: Anuario de derecho parlamentario, núm. Extra 31. Ejemplar dedicado al 40 aniversario de la Constitución española. Dialnet-CuarentaYTresAnosDeMonarquia-6762713.pdf.

VENTERO VELASCO, Manuel (2004). *El Sonido de la Constitución.* Madrid: Ed. Instituto de Radiotelevisión Española.

__(2011). *Los mensajes de Navidad del Rey. Análisis político constitucional.* Madrid: Editorial La Ley.

__(2012). «El mensaje más breve, pero el más rotundo». *La Razón.* 12 de mayo de 2012.

__(2014). «Estación termini». *El Mundo.* 9 de junio de 2014.

__(2021). *Damas y Reinas.* Salamanca: Ediciones Universidad de Salamanca.

VERA SANTOS, José Manuel (1998). «El refrendo en la Constitución española de 1978». *Revista de la Facultad de Derecho de la Universidad Complutense, 89.*

VERGOTTINI, G. (1985). *Derecho Constitucional Comparado.* Trad. P. Lucas Verdú. Madrid: Espasa Calpe.

WEBER, Max (1922). «Die drei reinen Typen der legitimen Herrschaft». *Revista Preussische Jahrbücher, 187:* 1-2.

__(2012). *Sociología del poder: los tipos de dominación.* Alianza Editorial.

ZAPATERO GÓMEZ, Virgilio (2023). *Aquel PSOE. Sueños de una generación.* Córdoba: Almuzara.

ZARZALEJOS, José Antonio (2022). «El *making of* del discurso del 3-O que marcó el reinado de Felipe VI». *El Confidencial.* 2 de octubre de 2022. https://www.elconfidencial.com/espana/2022-10-02/el-making-off-discurso-del-3-o-reinado-felipe-vi_3499761/

__(2022). *Felipe VI. Un rey en la adversidad.* Barcelona: Planeta.

ZULETA, Estanislao (2018). *Shakespeare, una indagación sobre el poder.* Bogotá: Ed. Libro al viento.